Justicia vs. Frutos

La eterna lucha del hombre con Dios...

Juan Carlos Negrón

Publicado por Ibukku
www.ibukku.com
Diseño y maquetación: Índigo Estudio Gráfico
Copyright © 2021 Juan Carlos Negrón
🅐 por, Juan Carlos Negrón 2020.
ISBN Paperback: 978-1-64086-944-8
ISBN eBook: 978-1-64086-945-5

Índice

AGRADECIMIENTOS

Dios, te doy gracias por todo, especialmente por haberte revelado a mi vida en el momento indicado. A mis hijos Juan Carlos y Nayelie Elise por ser el motor que impulsó mi corazón, y haberle traído sentido a mi vida.

A los pastores Otoniel y Omayra Font por la confianza depositada en mí, y permitirme ser parte de su ministerio. Al mismo tiempo a personas como Josué Pérez y Heidi Balestier por ser de bendición para poder llevar a cabo este libro.

Introducción

Probablemente alguna vez hayas oído o dicho si no hubiese tanta injustica no habría tanta desigualdad en el mundo. Esa expresión, de haberla escuchado una y otra vez, fue el inicio de este libro. En ocasiones pensamos como el resto del mundo en cuanto a la correlación existente entre la injusticia y los males sociales. La búsqueda de justicia en áreas como la educación, trabajo, salud, seguridad es parte del foco de atención de todos nuestros deseos. En una sociedad democrática el pueblo demanda y los gobiernos ofertan. Aun los creyentes continuamos arrastrando esa idiosincrasia a nuestra nueva forma de vivir. Dios en su palabra promete hacernos justicia (Mateo 5:6). Promete suplir todas nuestras necesidades. ¿Pero realmente ese es el enfoque de Dios para nuestras vidas? Cuando tomé la decisión de transformar mi carácter conforme al de Jesucristo sentí cierto grado de incertidumbre. Quería estar seguro de la decisión que por Fe había tomado. Siempre creí, que alguien creo todas las cosas. Sería una necedad creer que todo lo que existe fue por una casualidad como algunos dicen que ocurrió. Todo lo que es creado se crea con algún propósito.

El inventor del automóvil lo inventó con un propósito de acuerdo a su diseño. Los seres humanos tenemos un diseñó y estamos en la tierra con un propósito. Por lo tanto, nuestro propósito es llevar a cabo la tarea para la cual fuimos creados. El sentido común como creyente me dice que debo enfocarme en aquello a lo que fui llamado a hacer. La Biblia nos dice que nosotros somos hechura suya, creados en Cristo Jesús para buenas obras, las cuales Dios preparo de antemano para que anduviésemos en ellas (Efesios 2:10).

Según las sagradas escrituras el propósito de la creación del hombre con la bendición de Dios es que fructifiquemos y nos multipliquemos; llenemos la tierra, la sojuzguemos, y que nos enseñoreemos sobre los seres vivientes que se mueven sobre la tierra (Génesis 1:28). La primera instrucción es que fructifiquemos (demos frutos). Lo interesante es que la segunda instrucción no puede cumplirse si no se cumple la primera. *Un árbol no se puede multiplicar si primero no da frutos.* La tercera instrucción no se puede cumplir si la segunda no se ha cumplido. *Tú no puedes sojuzgar (dominar) sobre nada que tú no hayas multiplicado.* La cuarta instrucción es que señoreemos (hacernos dueño) y ésta también no se puede cumplir si la tercera no se ha cumplido. *Tú no puedes hacerte dueño de algo del cual no tienes dominio.* Ese es el *orden divino* de un Dios intencional. Sin embargo, hay cristianos que hacen caso omiso a dicha instrucción. Prefieren vivir la nueva vida en Cristo de acuerdo a su vieja manera de hacer las cosas. Sin entender que el decidir vivir una nueva vida implica hacer cosas nuevas.

El hombre siempre ha buscado el bienestar propio y el común gracias a la libertad de decidir. Esa libertad la conocemos como el libre albedrío. Algunos creyentes ven el libre albedrío desde una perspectiva superficial y limitada como el mundo la ve. El libre albedrío es la prueba de amor de Dios para con el hombre. Junto con el libre albedrío se nos fue entregado Jesucristo (1 Pedro 1:20). Si Dios por su amor me entregó el libre albedrío porque él quiere lo mejor para mí, lo sensato sería que él decida por mí (Romanos 8:32).

A Jesucristo se le conoce como el postrer Adán (1 Corintios 15:45). Él nos muestra lo importante que es el principio de obedecer a Dios como base principal para alcanzar nuestro propósito. En éste principio fue que falló el primer Adán. Aun no habiendo Ley en el Edén su desobediencia le fue contado como pecado. La desobediencia nos es contada como pecado (Romanos 5:19). Podemos observar que hacer la voluntad de Dios debe de ser la prioridad en nuestras vidas. Como único podemos vivir el estilo de vida de Jesús es haciendo lo que él dijo que hiciéramos. Jesús siempre hacia lo que el Padre le mostrase que hiciese (Juan 5:19). No negamos que vivir dicho estilo de vida es un reto dentro de nuestra sociedad. Amar a tus enemigos, bendecir a los que les maldicen, hacer el bien a los que te aborrecen, orad por los que te ultrajan y persiguen. Realmente requiere madurez espiritual caminar la senda que Jesús caminó. Esto es un nivel que muy pocos están dispuestos a alcanzar. Lo que Jesús nos pide muy pocos lo entienden.

Las personas no quieren creer lo que no entienden (Lucas 24:11). Pero por otro lado Dios pide que le creamos a su palabra y promete hacernos entender (Salmos 32.8).

Dios es justicia y esperanza para aquellos que la buscan. Los reclamos de justicia no están dirigidos únicamente a Dios. Nuestras cortes están atestadas de reclamos de justicia. Hay personas que dicen que si Dios existe porque hay tanta maldad en el mundo. La realidad es que la maldad es la ausencia de Dios en el corazón de las personas. Si Dios se metiera en todos nuestros asuntos sin nuestro consentimiento aún por nuestro propio bien lo veríamos como un Dios tirano que quiere restringir mi capacidad de decidir. Por eso Dios no se meterá en nuestros asuntos a menos que voluntariamente se lo permitamos. Dios es un caballero.

En ocasiones asociamos el éxito como el resultado de la voluntad de Dios y no siempre es así. Cuando vemos hombres y mujeres que han alcanzado fama y fortuna atribuimos sus éxitos ocasionalmente a la intervención divina. Probablemente esos logros son producto del esfuerzo, disciplina y dedicación que se obtienen mediante el trabajo duro. Sus propios esfuerzos le hicieron justicia. Pero como se sentiría esa persona si supiera que su éxito no es exactamente lo que Dios quería para sus vidas. Creo que lo primero que nos diría es lo que usted está pensando en estos momentos.

La justicia desde la perspectiva del hombre es un principio moral que lleva a dar a cada uno lo que le corresponde o pertenece. Pensamos que más justicia traerá orden a nuestras vidas.

El problema de tomar decisiones fuera de la voluntad del Señor estriba en que las mismas se alejan de la verdadera justicia según la perspectiva de Dios. Todas las decisiones se basan en los consejos de otros, en nuestro conocimiento y las experiencias que desarrollamos en nuestro caminar. La justicia de Dios no debe de ser vista desde la perspectiva del hombre. Queremos que nos hagan justicia conforme a nuestros esfuerzos y actos de bondad. Pero alguna vez has tomado en consideración que tus malos actos también son el reclamo de justicia de otros. Recuerdo escuchar a un hombre de Dios sabiamente decir; "tu no querrás realmente recibir la cosecha de todas las semillas que tú has sembrado". Para Dios justicia es aquel que ha aceptado al Señor Jesucristo en su vida como su salvador y sobretodo como el señor de sus vidas. Dios está buscando los frutos de ese nuevo modo de vivir. Estos nuevos frutos nacen de la Fe, de la identidad, de la obra y vida de Jesucristo.

Para Dios la *justicia es un fruto* para aquellos que hacen la paz (Santiago3:18). Desde el comienzo hasta el final de la historia del hombre a través de las sagradas escrituras se nos habla de frutos. La primera reacción de un niño cuando observa un árbol con frutos es alcanzar dicho fruto para degustarlo. Luego su comportamiento natural es compartirlo con otros. Dios quiere que cada uno de nosotros comamos de nuestros frutos y que los compartamos los unos con los otros (Isaías 3:10). Dios está buscando que el hombre dé frutos y se multiplique ya que es parte de su naturaleza. En el libro de Génesis se nos dice que en el principio Adán y Eva tenían al alcance de su mano todos los frutos de los árboles del jardín del Edén. Adán le puso nombre a todo animal viviente. El hombre no tenía nada porque creer. Era una utopía.

Se nos entregó un planeta completo y no había necesidad de justicia. Cuando el hombre cayó por desobediencia perdió todo lo que le fue otorgado. Para Adán y Eva el panorama era abrumador. La tierra fue maldita por su desobediencia. Ahora tendrían que esforzarse en gran manera para obtener lo que por derecho le había sido dado. Esa naturaleza humana también tiene un aspecto negativo. La caída del hombre trajo como consecuencia una separación de la comunión perfecta entre el creador y su creación. Pero Dios conociendo de antemano lo que estaba destinado a ocurrir puso en marcha el plan de redención de la raza humana desde antes de su creación.

Después que el hombre desciende de su posición de autoridad mediante engaño por la serpiente (pero por voluntad propia) Dios profetizó la promesa, que la simiente de la mujer aplastaría la cabeza a la serpiente (Génesis 3:15). Es cuando el plan de justicia para el hombre se puso en marcha. Ese plan se llama la Fe. Mediante éste plan Dios le da la capacidad al hombre de creer por primera vez. Llamar las cosas que no son como si fuesen es uno de los regalos más grandes que Dios le ha entregado al hombre (Hebreos 11:1). El misterio de la Fe nos acerca más a la naturaleza divina. El propósito de la Fe es que manifestemos lo divino aquí en la tierra. La Fe es un requisito indispensable para captar la atención de Dios (Hebreos 11:6). El ejemplo es Jesús.

Aunque celebramos sus obras y milagros lo más impresionante era que desde su temprana edad él siempre creyó quien él era. Y sobre todo lo que vino a hacer. Jesús es la personificación y la excelencia de la Fe (Hebreos 12:2). Dios siempre ha querido relacionarse con el hombre. Hizo lo necesario para lograrlo. Dios nunca permitiría que su creación perdiese el propósito para lo cual fue creada. Dios mismo supo que la humanidad necesitaría de su ayuda para lograr dicho propósito. Para hacerle justicia a la humanidad el plan de la Fe comenzó desde la antigüedad con hombres y mujeres dispuestos a hacer la diferencia.

Al final de la historia se hizo justicia en la cruz del calvario. Aunque la serpiente fue derrotada en la cruz las consecuencias de la desobediencia siguen vigentes. El resultado de esa rebelión es el pecado que mora en cada uno de nosotros. El hombre siempre ha buscado que Dios haga justicia, pero en cambio Dios busca que el hombre de buen fruto. Dios quiere manifestarle al hombre la justicia que tanto anhela. Pero es a través del *fruto* del espíritu que alcanzaremos las promesas para alcanzar la justicia como nos muestra su palabra. Su palabra es Jesucristo. Creo que nuestro deseo de justicia se puede alcanzar si entendemos el enfoque y el orden correcto de las cosas.

¿QUÉ ES LA JUSTICIA?

"Porque has mantenido mi derecho y mi causa;
Te has sentado en el trono juzgando con justicia"
Salmos 9:4.

La palabra justicia aparece muchas veces en la Biblia. Desde los comienzos de la humanidad el hombre la busca. En un tiempo como el que vivimos la Justicia es algo que todos la persiguen, pero solo algunos la alcanzan. La justicia es un principio moral que lleva a dar a cada uno lo que le corresponde o pertenece conforme al derecho o razón. La justicia es considerada un bien común. En nuestra sociedad quien administra la justicia es el tribunal. En dicho foro el juez determina conforme a la evidencia presentada aplicar la ley y hacer que se cumpla la sentencia. La justicia prohíbe, regula y autoriza. Hay dos tipos de justicias y una de ellas tiene dos vertientes principales que son:

1. **La justicia distributiva** se ocupa de la justa repartición de los bienes en una sociedad. Se enfoca en hacer cumplir el derecho del individuo y vela por que cada ciudadano pueda tener lo necesario para una vida digna. (Isaías 1:17).

En el libro de 2 Samuel 9:1-13 vemos la historia sobre la bondad del Rey David hacia Mefi-boset, heredero de su mejor amigo Jonatán. El Rey Saúl y su hijo Jonatán fueron muertos en una batalla. Legalmente en la línea de sucesión el heredero de los bienes de Saúl y Jonatán (padre e hijo) es el nieto Mefi-boset. Por causas ajenas a su voluntad, él fue retirado del palacio debido a todo lo que estaba aconteciendo en un momento determinado en Israel. Cuando el Rey

David sube al poder preguntó si quedaba alguien vivo de la casa del Rey Saúl a lo cual le dijeron que había un hijo de Jonatán que aún vivía, ese era Mefi-boset. El Rey David lo mando a buscar para hacer misericordia a la casa de Saúl por el amor de Jonatán. Lo que sucede a continuación es un claro ejemplo de lo que puede ser justicia distributiva:

"Y le dijo David: No tengas temor, porque yo a la verdad haré contigo misericordia por amor de Jonatán tu padre, y te devolveré todas las tierras de Saúl tu padre; y tú comerás siempre a mi mesa".

Mefi-boset al presentarse delante del rey David fue el recibidor de dicha misericordia. En este caso se hizo cumplir la justicia a través del derecho del individuo. No tan solo Mefi-boset recibió lo necesario para tener una vida digna, sino que recibió todo lo que era de su padre y abuelo. Como único y legítimo heredero en la línea de sucesión se supone que todo le pertenezca. En este caso el rey David se ocupó de la justa repartición de los bienes dentro de una sociedad.

Las circunstancias inicialmente no le hicieron justicia según lo que le correspondía. Lo que le hizo justicia fue el derecho que por nacimiento tenia por ser nieto de un rey. En ciertas ocasiones tu condición social te traerá justicia. Aunque el derecho y la justicia van de la mano la primera define a la segunda. Por lo tanto, el derecho del individuo se tiene que hacer cumplir primero para que entonces haya justicia. Esto fue lo que sucedió con Mefi-boset. Pueden pensar que tomó ventaja por su condición social pero no fue así. La determinación del rey fue legal y a su vez moral.

2. **La justicia emparejadora** es consistente en el principio de igualdad (Levítico 19:15).

a. *Justicia conmutativa* se aplica a los contratos la cual requiere igualdad entre lo que se da con lo que se recibe. Tiene que haber proporción.

b. *Justicia judicial* aplicable a las violaciones de derecho que exigen la paridad entre el daño y la reparación, entre el delito y la pena (retribución).

En el libro de Génesis 21: 22-34 también vemos otro ejemplo de justicia emparejadora desde aspecto conmutativo. En esta historia vemos al faraón Abimelec haciendo un pacto con Abraham por causa de una disputa de un pozo de agua que había cavado Abraham, pero los siervos de Abimelec se lo habían quitado. Ninguna de las partes por dicho asunto demandó a la otra. No obstante, fue hasta que se enteró el faraón de lo sucedido que fue a resolver personalmente dicho asunto con Abraham. Abimelec sabía que Dios estaba con Abraham y le tenía un gran respeto, la historia nos dice:

"Aconteció en aquel mismo tiempo que habló Abimelec, y Ficol príncipe de su ejército, a Abraham, diciendo: Dios está contigo en todo cuantos haces. Ahora, pues, júrame aquí por Dios, que no faltarás a mí, ni a mi hijo ni a mi nieto, sino que conforme a la bondad que yo hice contigo, harás tú conmigo, y con la tierra en donde has morado. Y respondió Abraham: Yo juraré. Y Abraham reconvino a Abimelec a causa de un pozo de agua, que los siervos de Abimelec le habían quitado. Y respondió Abimelec: No sé quién haya hecho esto, ni tampoco tú me lo hiciste saber, ni yo lo he oído hasta hoy. Y tomó Abraham ovejas y vacas, y dio a Abimelec; e hicieron ambos pactos. Entonces puso Abraham siete corderas del rebaño aparte. Y dijo Abimelec a Abraham: ¿Qué significan esas siete corderas que has puesto aparte? Y él respondió: Que estas siete corderas tomarás de mi mano, para que me sirvan de testimonio de que yo cavé este pozo. Por esto llamó a aquel lugar Beer-

seba; porque allí juraron ambos. Así hicieron pacto en Beerseba; y se levantó Abimelec, y Ficol príncipe de su ejército, y volvieron a tierra de los filisteos".

Hay que destacar que en el pasado Abraham por causa de su esposa fue bendecido con muchos bienes por parte de Abimelec. Abraham en aquel momento salió con riquezas de Egipto (Génesis 12:10-20). Vemos que la intención de Abraham tampoco era la de crear un problema entre Abimelec y él por causa de un pozo de agua. Abimelec ya había bendecido a Abraham en el pasado y Abraham a su vez sabía que Dios había bendecido a Abimelec. Abraham tenía la certeza de la promesa que Dios había decretado sobre su vida, Dios le había prometido que el que lo maldijere, Dios mismo lo iba a maldecir, y el que lo bendijere Dios mismo lo iba a bendecir (Génesis 12:3). Abraham tenía Fe en la promesa.

Por otro lado, Abimelec también sabía que si entraba en conflicto con Abraham por dicha disputa no iba a salir bien del asunto, debido a que en el pasado Abraham con un puñado de hombres había derrotado varios reyes (Génesis 14:1-10). El faraón hace la salvedad de que Dios estaba con Abraham en todo lo que hacía. Abraham era un hombre de palabra y sobre todo de respeto. Entonces ambos hicieron contrato en proporción a lo sucedido para ratificar un acuerdo. Por medio del convenio reconocieron la existencia de la disputa y solucionaron dicho conflicto.

En el libro de 1 Reyes 3:16-26 también vemos otro ejemplo de justicia emparejadora desde aspecto judicial. En esta historia observamos como el Rey Salomón en una arriesgada, pero magistral movida, hace uso de las facultades que Dios le había otorgado para resolver un caso criminal:

"En aquel tiempo vinieron al rey dos mujeres rameras, y se presentaron delante de él. Y dijo una de ellas: ¡Ah, señor mío! Yo y esta mujer morábamos en una misma casa, y yo di a luz estando con ella en la casa. Aconteció al tercer día después de dar yo a luz, que ésta dio a luz también, y morábamos nosotras juntas; ninguno de fuera estaba en casa, sino nosotras dos en la casa. Y una noche el hijo de esta mujer murió, porque ella se acostó sobre él. Y se levantó a medianoche y tomó a mi hijo de junto a mí, estando yo tu sierva durmiendo, y lo puso a su lado, y puso al lado mío su hijo muerto. Y cuando yo me levanté de madrugada para dar el pecho a mi hijo, he aquí que estaba muerto; pero lo observé por la mañana, y vi que no era mi hijo, el que yo había dado a luz. Entonces la otra mujer dijo: No; mi hijo es el que vive, y tu hijo es el muerto. Y la otra volvió a decir: No; tu hijo es el muerto, y mi hijo es el que vive. Así hablaban delante del rey. El rey entonces dijo: <u>Ésta dice: Mi hijo es el que vive, y tu hijo es el muerto; y la otra dice: No, más el tuyo es el muerto, y mi hijo es el que vive. Y dijo el rey: Traedme una espada.</u> Y trajeron al rey una espada. En seguida el rey dijo: Partid por medio al niño vivo, y dad la mitad a la una, y la otra mitad a la otra. Entonces la mujer de quien era el hijo vivo, habló al rey (porque sus entrañas se le conmovieron por su hijo), y dijo: ¡Ah, señor mío! dad a ésta el niño vivo, y no lo matéis. Más la otra dijo: Ni a mí ni a ti; partidlo. Entonces el rey respondió y dijo: Dad a aquélla el hijo vivo, y no lo matéis; ella es su madre. Y todo Israel oyó aquel juicio que había dado el rey; y temieron al rey, porque vieron que había en él sabiduría de Dios para juzgar."

Aquí vemos los resultados de obrar en la carne contrario a obrar en el fruto del espíritu. El Rey utilizo su sabiduría para discernir lo que toda corte debe proteger, el bienestar del infante. Utiliza la espada como símbolo para emitir juicio. No fue hasta que una de las madres fluyó en el fruto del espíritu (bienestar del niño) que entonces ella realizó que no debida velar por el bien suyo sino por el del infante. Al ver ella que iban a cortar el niño decidió que lo mejor era que ella cediera en la disputa para que su hijo viviera. De esta forma el Estado identificó quien era la verdadera madre.

El rey utiliza el testimonio junto a la evidencia para resolver este caso. Salomón aplicó la pena del delito (muerte del infante) y la violación de derecho para exigir la paridad entre el daño y la reparación (cortar el infante en dos partes para satisfacer a ambas madres). Él supo que se le estaba violando el derecho a la verdadera madre y no fue que a través de la pena él pudo reparar el daño causado por la madre homicida. El fin era hacer justicia a la verdadera madre, El resultado que se le entregara su hijo nuevamente. Una vez más comprobamos que no se puede desligar lo moral de lo legal. También podemos ver un vivo ejemplo de que todo el que demanda en una corte no necesariamente es porque tienen la razón de que se le haya violado algún derecho. La justicia no es una herramienta de conveniencia. Juzga siempre a través de la Luz, esa luz es el fruto del Espíritu. Es la dirección correcta para emitir juicio alguno. El que tú cedas en una corte por alguna disputa laboral, personal o familiar no es sinónimo a culpabilidad. El silencio es sinónimo de sabiduría. El que calla *nunca* otorga, el que caya es sabio y deja que los resultados hablen por él.

El mayor problema que tiene la justicia por ley es que no se alcanza necesariamente a través del testimonio de la verdad. Se logra hacer justicia en aquello que se puede probar. Este aspecto la hace injusta. Si no hay pruebas que sustenten la verdad la misma no se sostiene (Habacuc 1-4). Paradójicamente está condicionada a la prueba y no necesariamente a los hechos. La justicia en el antiguo testamento se vincula más a una expresión social (justicia social) en la cual buscando justicia se expresan todos los detalles de la vida social, económica, política, militar y judicial del pueblo judío. También se enfocaba más en la misericordia y la generosidad de unos para con otros. Por eso vemos como algunos profetas llamaban al arrepentimiento a su pueblo debido a la injusticia que imperaba en las diferentes épocas. El anhelo del hombre es que se haga justicia, y más en aquellos que por su condición social no tienen quienes los defiendan.

Lamentablemente sujetamos la justicia a la condición social menospreciando el hecho de que todos somos iguales. La justicia siempre será el mecanismo, aunque imperfecto, para darle a cada cual lo que se merece conforme a sus actos. Todo ser humano tiene la responsabilidad de aceptar las consecuencias de sus decisiones. Queremos justicia según lo que hemos trabajado sin tomar en cuenta que tus resultados son la mejor prueba de lo que te corresponde (2 Samuel 22:25). Nuestros reclamos apuntan casi siempre hacia Dios como si él fuese responsable de nuestros actos cuando posiblemente ellos estuvieron fuera de su voluntad. Así como Dios le otorgó el libre albedrío a Adán y a Eva todavía continúa haciéndolo con nosotros. Dios no entrará en tus asuntos a menos que tú se lo permitas. Si él tomara control sin tu consentimiento sería un dictador.

Lo grande y hermoso de Dios es que por amor él nos hizo justicia al crearnos a su imagen y semejanza (hechos) entregándonos el libre albedrío (prueba) para que por amor se lo entregues de nuevo a él. Dios sabe que es lo mejor para ti, y te amó primero antes que tú a él. Hasta que no le permitamos entrar en nuestras vidas él no tomará cartas en el asunto para que se manifiesta su justicia. En el nuevo testamento Dios hace hincapié nuevamente a que no desamparemos a los más necesitados (pobres). Su palabra dice que siempre los tendremos (Juan 12.8). Esta acción de dar encierra un misterio. La dádiva trae justicia al que da y no al que recibe. El pensamiento humano diría lo contrario; El que recibe es porque se le hizo justicia (suplió una necesidad). Para Dios dar es más importante que recibir ya que cuando operas en dádiva te desprendes de ti mismo y tal acción te acerca más a tu naturaleza divina (Miqueas 6-8). Esa es la esencia de Dios.

La Biblia nos dice que los cimientos del trono de Dios son la justicia y el derecho (Salmo 97:2). Por lo tanto, vemos que el creador tiene interés en la justicia. Dios se interesa también en aquellas injusticias de las cuales el hombre también tiene preocupación (Salmos 10:12-18). La grandeza de la justicia de Dios es que está por encima del rey (gobernante) y del juez (jueces) que son los encargados de administrar la justicia. Aunque ambos son llamados a ejercerla como parte de sus obligaciones (Salmos 72:1-4). Muchas personas piensan que todo aquel que esté necesitado es porque ha sido oprimido o porque nunca han tenido las mismas oportunidades que los demás.

La pobreza es una condición social. No necesariamente es que al pobre no le hayan hecho justicia. Polarizamos la pobreza con la injusticia. No toda pobreza viene por causa de la injusticia. Vivimos en un mundo imperfecto y desbalanceado. Un estado de pobreza puede ser por causa de haber nacido en el lugar incorrecto y/o pertenecer a la familia incorrecta.

Los gobernantes tienen la responsabilidad de hacer justicia a aquellos que por falta de conocimiento y condición social no tienen quien vele por ellos (Jeremías 22:3). Jesús nos menciona que siempre tendremos pobres alrededor nuestro (Marcos 14:7). Esto quiere decir que no importa el lugar de origen siempre habrá personas con necesidades imperantes. Y tendremos siempre oportunidades para hacerle justicia a este sector de la población. Aunque es una responsabilidad de todos el ayudar al menesteroso, son aquellas personas que están en eminencia y autoridad las cuales deben de ejercer y hacer cumplir la justicia. El señor está pendiente a que se lleven a cabo la justicia y el derecho (Salmo 82:1-8). Curiosamente la manifestación de la justicia depende del reconocimiento de nuestra condición espiritual. Hay una parábola en la cual se compara a un fariseo con un publicano que bien lo ilustra (Lucas 18:9-14).

"A unos que confiaban en sí mismos como justos, y menospreciaban a los otros, dijo también esta parábola: Dos hombres subieron al templo a orar: uno era fariseo, y el otro publicano. El fariseo, puesto en pie, oraba consigo mismo de esta manera: Dios, te doy gracias porque no soy como los otros hombres, ladrones, injustos, adúlteros, ni aun como este publicano; ayuno dos veces a la semana, doy diezmos de todo lo que gano. Mas el publicano, estando lejos, no quería ni aun alzar los ojos al cielo, sino que se golpeaba el pecho, diciendo: Dios, sé propicio a mí, pecador. Os digo que éste descendió a su casa justificado antes que el otro; porque cualquiera que se enaltece, será humillado; y el que se humilla será enaltecido".

El propósito de Dios es que cada uno reconozca el estado de relación que tenemos con él.

El grado de justicia que podamos alcanzar no se vale por lo que podamos hacer por Dios para agradarle. Podemos observar que la parábola nos habla que aquellos que confían en sí mismo a causa de sus acciones y se declaran mejor que los demás; estos serán humillados. El señor permite que veamos dicha situación para que aprendamos que todos dependemos de él. No hay nada que puedas hacer para alcanzar justicia delante de Dios. Éste principio nos lo muestra con el acto de humillación. Aquellos que reconocen su dependencia aun estando en pecado alcanzan la justificación de Dios. Podemos inferir que el concepto absoluto de justicia que nosotros tenemos no es el mismo que el de Dios. En ninguna manera la parábola está en desacuerdo con el comportamiento del fariseo sino con la confianza que el fariseo tenía en sí mismo porque él creía que era justo por su conducta. Su confianza estaba depositada en lo que él hacía. Nadie puede auto determinarse justo; Si quien lo determina es Dios. Lo que resalta en dicha parábola es que el publicano en un acto de humillación delante del señor le pide que Dios sea *propicio* a él.

La palabra propicio viene de la palabra propiciación que significa justificación de Dios en nuestra vida por medio de un sacrificio. Esto quiere decir que Dios quiere vindicarnos a pesar de nuestra condición (Salmos 7:8-9). La acción de humillación Dios la reconoce como un sacrificio. Reconocer que somos pecadores hace que seas enaltecido delante de los hombres. Mientras que la acción de enaltecerse delante de Dios hace que seas humillado delante de los hombres. Tu justicia para con Dios depende de tu actitud. Dios reconoce una actitud de dependencia hacia lo santo. El fariseo en ningún momento mostro reverencia hacia lo santo. El fariseo se justificó delante de Dios por su comportamiento. Sin embargo, se nos dice que el publicano fue el que descendió a su casa justificado.

¿Cómo es que alguien que reconoce que es un pecador puede ser justificado? ¿Cómo alguien que no practica el pecado no puede alcanzar la justificación por parte de Dios? Sencillamente el menosprecio es la clave para no alcanzar la justicia. A veces nos parece injusto que aquellos que son parte de la familia de la fe aun haciendo las cosas bien no reciben la justicia que tanto anhelan por el mero hecho de menospreciar a otros. Si usted quiere alcanzar justicia delante de los ojos del señor comience a NO menospreciar a la gente por causa de su condición social y más aún por su condición espiritual. Tu conocimiento no determina el grado de justicia que tú tienes con Dios.

Tu condición espiritual es la que determina tu justicia conforme al grado de relación con Dios.

Lo que muestra tu grado de espiritualidad es la reverencia que tú le tengas a Dios. Nótese que el fariseo se puso en pie para comenzar a orar mientras que el publicano no quería ni levantar la vista al cielo. Se nos dice que el publicano desde lejos se golpeaba el pecho. Dios escuchó ambas plegarias, pero puso atención a aquel que estaba humillado y reconocía que estaba lejos de él. Sin embargo, al que estaba cerca y enaltecido no alcanzó la justificación. Cuando analizamos la oración del publicano él pone énfasis a Dios como el único que puede justificarlo a él a pesar de su pecado no importando sus buenas obras. Mientras que el fariseo dándole énfasis a sus obras las utiliza como su justificación ante Dios por encima de su pecado. Entonces la Justicia no se trata de tus obras como medio de justificación.

La justicia se trata de reconocer a Dios como el medio para alcanzar la justicia. Si has sido bondadoso alguna vez o continúas siéndolo no te canses de hacer el bien. Hay promesa para aquellos que hacen el bien (Gálatas 6:9). La Justicia como hemos visto es una herramienta para balancear y no para manipular.

Lo que no debemos es tratar de manipular a Dios con nuestras obras o con lo bueno que hemos sido para con otros para obtener justicia. El señor se complace más con tu humillación. Es bueno saber que uno puede contribuir para el reino de Dios. Pero es mejor reconocer que la humillación es la mejor contribución.

Otro aspecto que confunde a las personas a la hora de definir la Justicia es la diferencia que hay entre ésta y la venganza. Si usted lo que está buscando es venganza por algo que le hicieron quien se encarga de aplicarla es Dios (Romanos 12:9). Dios mismo se atribuye como el único vengador.   Él es el quien puede cargar el peso y las consecuencias que traen la venganza y por eso se la reserva. La diferencia entre venganza y la justicia es que la primera es una retribución enfocada en lo parcial y subjetivo, en ocasiones es desmedida, y no tiene límites. Mientras la justicia es imparcial y objetiva basada en la Ley y por ser legal tiene límites.

LAS DOS JUSTICIAS

"Bienaventurados los que tienen hambre y sed de justicia, porque ellos serán saciados"
Mateo 5:6.

A través de las sagradas escrituras podemos ver dos tipos de justicias, la primera le llamo la justicia natural y la segunda la justicia divina. Es una dicotomía porque, aunque buscan lo mismo ambas son diferentes. La primera retribuye amparándose en la Ley y busca preservar en todo momento los derechos al ciudadano entiéndase el derecho a la vida, la igualdad, el derecho a trabajar, derecho al voto, derecho a libertad religiosa etc. La segunda te garantiza lo que busca la primera, pero se ampara en la Fe. La justicia divina retribuye por Fe. En cuanto a la justicia natural (Ley) todo Estado tienen una Constitución como Ley fundamental con un rango superior al resto de las leyes. El fin es definir y regular los derechos y las libertades de una sociedad. También delimita los poderes institucionales de una nación. Por ejemplo, la constitución de Puerto Rico en su carta de derechos sección 1 dice "la dignidad del ser humano es inviolable…" Lo que se pretende es salvaguardar dichos derechos al amparo de la Ley constitucional de la cual se desprenden todas las leyes. El principio fundamental es que no se le violenten los derechos humanos al ciudadano. Hay que destacar que en dicha constitución tanto como en el preámbulo siempre se hace mención de que nosotros (Pueblo) tenemos puesta la confianza en el Dios todo poderoso como base de confianza para el pleno ejercicio libre de hacer cumplir la Ley. Ese reconocimiento que tenemos la confianza puesta en un Dios es ratificado debido a que se toma como base el año de nuestro Señor para su efectividad.

Es necesario entender que cuando se habla de justicia en lo natural siempre se mencione a Dios como medida de ayuda para el pleno ejercicio de la misma. Esta claramente establecido por el mismo hombre que para ser imparcial en el ejercicio de la justicia siempre sea reconocida la dependencia de la ayuda externa (Dios). Esto adviene a que los seres humanos reconocemos nuestra imperfección incluyendo el sistema de justicia. También durante el protocolo de juramentación de un gobernante electo como preámbulo a la toma de posesión de un gobierno se toma a Dios como ayuda idónea para el ejercicio de presidir una nación. Por lo tanto, para hacer justicia necesitamos la ayuda de aquello que es perfecto. Según nuestras convicciones y creencia Dios es el único perfecto. El ser humano siempre ha querido ser justos con aquellos que son débiles tomando en consideración sus facultades mentales, físicas y sociales del grupo. Para así proveerles las mismas oportunidades que tienen el resto de la población. Lo que siempre escuchamos en las noticias, lugares públicos, áreas de trabajo es la sed de justicia que tienen las personas. Alguien tiene que pagar. El objetivo, buscar una retribución por los daños ocasionados. Lo interesante es que la justicia siempre ha tenido un precio. No importa cual haya sido el incidente a todo le ponemos un precio. En algunos casos el precio es monetario y en otros el precio es la libertad. En Puerto Rico tenemos ese refrán que dice "el que la hace la paga". Este tipo de pensamiento lo que denota es la falta de objetividad ante los hechos.

Amado lector no quiero que malinterprete lo antes mencionado debido a que estoy de acuerdo con que cada persona debe de ser responsable ante sus hechos y aceptar las consecuencias de sus decisiones. Pero cuando escucho a personas hablando sobre lo injusto que han sido con ellos puedes observar que su intención es la venganza y la quieren disfrazar de justicia (Santiago 1:20). La venganza es egoísta y se basa en lo subjetivo del asunto. La justicia busca ser imparcial y es objetiva basándose en la prueba para corroborar los hechos. Según la palabra de Dios la justicia llegará a tu vida cuando tú pongas por obra todos sus mandamientos. Quiere decir que para obtenerla hay que cumplir con los requisitos de la Ley (Deuteronomio 6:25). La justicia para Dios es hacer la palabra, darle movimiento a través de tus acciones. Dios es el que produce el querer como el hacer por su buena voluntad (Filipenses 2:13). El querer es aprenderla y el hacerla es ponerla en acción. Santiago 1:19-20 lo explica mejor;

"Por esto, mis amados hermanos, todo hombre sea pronto para oír, tardo para hablar, tardo para airarse; porque la ira del hombre no obra la justicia de Dios. Por lo cual, desechando toda inmundicia y abundancia de malicia, recibid con mansedumbre la palabra implantada, la cual puede salvar vuestras almas. Pero sed hacedores de la palabra, y no tan solamente oidores, engañándoos a vosotros mismos. Porque si alguno es oidor de la palabra, pero no hacedor de ella, éste es semejante al hombre que considera en un espejo su rostro natural. Porque él se considera a sí mismo, y se va, y luego olvida cómo era. Mas el que mira atentamente en la perfecta ley, la de la libertad, y persevera en ella, no siendo oidor olvidadizo, sino hacedor de la obra, éste será bienaventurado en lo que hace. Si alguno se cree religioso entre vosotros, y no refrena su lengua, sino que engaña su corazón, la religión del tal es vana. La religión pura y sin mácula delante de Dios el Padre es ésta: Visitar a los huérfanos y a las viudas en sus tribulaciones, y guardarse sin mancha del mundo".

Nuestro objetivo es poner en práctica la palabra y mientras lo hacemos debemos refrenar nuestra lengua. Lo interesante es que el Apóstol Santiago asocia el oidor de la palabra con alguien que no refrena la lengua, y lo compara con el religioso. Lo que distingue a un cristiano de un cristiano religioso es que el religioso no mueve un dedo. El que no se cataloga religioso ese hace.

Actualmente tenemos iglesias llenas de cristianos religiosos, y lo triste es que no lo saben.

El religioso escucha, pero no hace, y en el peor de los casos hace lo contrario a lo que escucha. Esto es lo mismo que le sucedía a Jesús cuando le decía a la multitud de seguidores que hicieran todo lo que los fariseos decían, en contraste con todo lo que ellos hacían (Mateo 23:3). En algunos casos mientras hacemos la palabra pensamos que no somos dignos de semejante obra pues nos persiguen los fantasmas del pasado y nuestros errores mientras tratamos de avanzar. Pero el Apóstol Juan nos exhorta que no debe de ser una preocupación que nos limite a llevar a cabo la obra porque abogado tenemos para con Dios, nuestro abogado Jesucristo el justo (1 Juan 2:1-29). Es un título singular que se atribuye a la persona de Jesús debido; lo justo es todo aquello que vive según la Ley de Dios y obra según justicia y razón. No solamente que vive según la Ley, sino que obra según ella: ¡Es exacto! Guardaos de hacer vuestra justicia para ser vista de los hombres (Mateo 6:1). Jesús compara la justicia de los hombres con la limosna. Esto quiere decir que lo que es justo para nosotros quizás no lo es para Dios.

La justicia para el hombre se basa en actos públicos mientras que la de Dios se basa en lo confidencial y se alcanza en lo secreto.

Justicia por Ley

Desde el inicio de los tiempos la justicia ha existido en las diferentes sociedades. Cuando el hombre decidió relacionarse tuvo que establecer códigos éticos y valores morales específicos. El fin era la supervivencia pacífica entre los diferentes grupos sociales. Heredamos el derecho romano cuya recepción ocurrió en España del año 74 al 250 D.C. La romanización oficial se realizó con la concesión de la ciudadanía romana en el año 212. Después de la romanización de espina la justicia formalmente llega a occidente a través del derecho romano. Hasta el día de hoy el derecho ha evolucionado gracias a revoluciones jurídicas a través de las Edades. El fundamento de la justicia es la Ley. Delante de ella todos somos iguales. Su enfoque principal es la imparcialidad. La representación tradicional de la justicia es una mujer cuyos ojos están vendados y simbolizan la imparcialidad. En una de sus manos tiene una espada símbolo de castigo y en la otra una balanza símbolo del juicio que se llevara a cabo en cada caso.

En la sociedad contemporánea en la que vivimos la Ley es vital para el funcionamiento de las diferentes instituciones de un estado. El derecho es el conjunto de principios, preceptos y reglas a que están sometidas las relaciones humanas en una sociedad civil para posibilitar las relaciones entre sus miembros. Una sociedad civil en caos no es sinónima a una sociedad sin ley. Puede tener leyes y haber caos: La ley hay que ejercerla. Ejercer la ley es un proceso dinámico donde las diferentes partes establecen sus argumentos presentando pruebas que la sustenten. Lo peculiar es que la ley natural (hombre) lo que busca es que todo proceso dentro de un tribunal tiene como base fundamental que el testimonio de la verdad sea presentado como parte de la prueba.

De acuerdo a la prueba se puede determinar si la sentencia es justa con la debida proporción. Cuando un tribunal pone por obras todas las leyes conforme al asunto en cuestión entonces tendremos justicia. Un comportamiento que se da dentro de las cortes de justicia es que al dilucidar la prueba en un caso se la misma se lleva a cabo con el fin de determinar si las personas o las entidades son responsables de lo que se le acusa. Una persona puede ser responsable de un delito y no salir culpable según la prueba presentada en un foro judicial. Salir no culpable en un caso no determina tu inocencia. Algunas personas pueden escaparse de la justicia por ley. En las sagradas escrituras vemos que el señor respeta las leyes de los hombres y nos insta a que hagamos justicia con todos (Deuteronomio 16: 18-20). Dios une las leyes de santidad y de justicia (Levítico 19:1-37). Cuando analizamos la comparación observamos que la santidad y la justicia Dios las reconoce como iguales. La palabra santidad significa separado para algo o alguien. Cuando eres separado para algo tú te guardas con un propósito. Lo mismo sucede con las leyes de justicia. Cuando tú te separas para dichas leyes lo haces con el propósito de cumplirlas. La santidad está en tus acciones. La ley está diseñada para que se cumpla, quien único cumplió toda la ley fue Jesús. El mundo cambiará con buenas acciones y no con más leyes. Las injusticias no son el resultado de la falta de leyes. El resultado de la santidad es justicia. El estado de derecho es necesario para establecer el orden. El fin de toda justicia es establecerla como una regla de armonía. Es la virtud de todas las virtudes.

Justicia por la Fe

Dicha justicia es el conjunto de virtudes que tienen un individuo. También tuvo un precio y fue el precio de la sangre de Jesucristo (Mateo 27: 4-6). La justicia por la Fe siempre tendrá un costo. El precio que se pagó en la cruz del calvario compró el perdón de todos nuestros pecados. Esto quiere decir que fuimos comprados y somos propiedad de quien nos compró (1 Corintios 6:20).

Relacionado a lo ocurrido en el Jardín del Edén siempre me inquietó el hecho que yo tenía que pagar por las consecuencias de la desobediencia de otras personas. Esto es en referencia al pecado de Adán y Eva por desobedecer a Dios. Pero cuando escudriñas las escrituras podemos ver que esa inquietud no ha sido única y exclusiva de los cristianos. Toda la humanidad la ha tenido inclusive Dios mismo la tuvo para con nosotros. La palabra de Dios dice que por un hombre entro el pecado y a su vez la muerte, pero por un hombre entro la resurrección (1 Corintios 15:21). Recordemos que Dios le dijo al hombre que si comían del fruto prohibido entonces el resultado iba a ser que morirían. De esta manera podemos ver que Dios nos hace justicia a través de la obra redentora de Jesucristo. Por lo tanto, tenemos la promesa de la resurrección (1 Corintios 15:21).

La justicia de Dios se revela (manifiesta) por medio de la Fe y para Fe (Romanos 1:17). Esto quiere decir que la justicia de Dios no tiene que ver con nada material (necesidad). La misma llega a tu vida por la Fe y para Fe. Por lo tanto, la justicia de Dios no tiene que ver con lo que te mereces, sino que es un asunto de Fe. La Fe es el detonante de la manifestación de la Justicia de Dios en nuestras vidas. La palabra de Dios dice esto acerca de la Fe; *"Es, pues, la Fe la certeza de lo que se espera, la convicción de lo que no se ve"* (Hebreos 11:1). En la Biblia leemos sobre un personaje muy famoso en el antiguo testamento del cual se le conoce como el padre de la Fe. Esta persona es Abraham, del cual las escrituras dice que *"Y creyó a Jehová y le fue contado por Justicia"* (Génesis 15:6). Este hombre recibió una promesa directamente de parte de Dios de que su descendencia iba a ser tan grande que ni él iba a poder contarla. Esta es la primera vez que la Biblia hace mención de la palabra Justicia. Cuando tú le crees a Dios entiéndase en tu llamado o sus promesas entonces llega la Justicia a tu vida. La justicia de Dios es nada más y nada menos el cumplimiento de aquello que tú crees que aún no se ha materializado. _**La justicia de Dios no se basa en darte aquello que te mereces sino en darte aquello por lo cual tú has creído.**_

Es interesante que Dios haya puesto sus ojos sobre este hombre y lo llame su amigo. Más allá podemos ver que Dios le dice que sea perfecto delante de él cuando en dichos tiempos todavía no existía la Ley. Por lo tanto, la Justicia para Dios no está atada a una Ley como la del hombre. Podemos afirmar que la justicia del hombre no es igual a la justicia de Dios. Son dos perspectivas diferentes de cómo alcanzar lo que se quiere. Una por Fe y la otra por Ley. Cuando oramos en Fe siempre le pedimos a Dios que nos muestre si la decisión que estamos a punto de tomar es su voluntad. No está mal que le pidamos a Dios dicha confirmación. Pero eso es un nivel bajo de oración y de Fe. Todo lo que tú le pidas al Señor se limita a tu conocimiento y a tu Fe. Creo que la manera correcta de orar seria *invitar a Dios* a que esté conmigo en medio de mi decisión. Porque cuando invitas a Dios a que se haga parte tu decisión entonces le estas permitiendo a Dios a que te revele cuál es su voluntad con relación a lo que estas pidiendo.

Entonces cuando Dios te ofrece lo que él quiere para ti en contraste con lo que tú le estas solicitando puedes ver que él quiere darte más de lo que le estas pidiendo debido a que su Fe no se limita a tu conocimiento, sino que la Fe de Dios no tiene límites (Efesios 3:20). A Abraham se le pidió que fuese perfecto en un mundo sin Ley. Lo perfecto para Dios no está sujeto ni condicionado a una Ley, está sujeto a la obediencia. A que se cumpla su voluntad.

La Fe es traer a la realidad lo invisible. El mundo invisible es donde opera Dios. En el plano espiritual todo es posible debido a que no hay límites. Tu Fe solamente se sujeta a lo que tú puedas creer. A esa Fe ser materializada en el plano físico manifiesta tus límites de Fe. Tu límite de Fe no depende de tus recursos y del tamaño de la obra por lo cual tú estás creyendo.

Tu capacidad de crecer es lo que limita tu Fe. La mejor historia es la parábola de la semilla de mostaza que Jesús les cuenta a sus discípulos relacionado a la capacidad de crecer en la Fe mostrándoles una comparación metafórica de cómo funciona el reino de Dios (Marcos 4:30-31).

"Decía también: ¿A qué haremos semejante el reino de Dios, o con qué parábola lo compararemos? Es como el grano de mostaza, que cuando se siembra en tierra, es la más pequeña de todas las semillas que hay en la tierra; pero después de sembrado, crece, y

se hace la mayor de todas las hortalizas, y echa grandes ramas, de tal manera que las aves del cielo pueden morar bajo su sombra."

Lo interesante es que el grano de mostaza es la semilla más pequeña de todas. Si nos dejáramos llevar por el tamaño de la semilla no le haría justicia a todo lo que ella puede producir. Acostumbramos asociar los grandes resultados con grande Fe. Una característica principal de la Fe es que siempre está en crecimiento. Crecimiento es movimiento. La Fe es movimiento creativo. La Fe es poder divino en nuestras manos. La justicia de Dios esta entrelazada a tu semilla. El próximo paso después del crecimiento es la multiplicación. Toda semilla produce fruto para multiplicación. Si quieres justicia en tu vida tienes que reconocer que lo sembrado por ti te será multiplicado. La cosecha es el resultado de la Fe que tú creíste. Todo lo que tú cosechas es la justicia de la situación que te llevo a sembrar. Si estas sembrando justicia en medio de la injusticia Dios cosechara justicia en tu vida. En 1 de Corintios 15 (la resurrección de los muertos) el apóstol Pablo nos menciona varios ejemplos de semillas y nos muestra como es el orden de las cosas.

La justicia es considerada un fruto (Santiago 3:18). La justicia de Dios es el producto de un fruto del espíritu que debe ser multiplicado. La justicia siendo en sí misma un fruto tiene que ir de la mano con la verdad. Dichos frutos de justicia se alcanzan por medio de Jesucristo (Filipenses1:11). Cuando se habla de la Justicia de Dios siempre hay que mencionar a Jesús. Él es el camino, la *verdad* y la vida. Nadie puede llegar al Padre si no es a través de él. El conocimiento de la verdad dependerá de cuanto tú conozcas de Jesucristo. Entonces la justicia depende de la verdad. Podemos observar que la justicia y verdad es un fruto producido por el espíritu (Efesios 5:9).

La verdad es lo que produce la justicia. En un juicio la sentencia dependerá del testimonio de la verdad sustentada por la prueba. Si el testimonio en dicho foro no es la verdad la sentencia será desproporcionada e injusta. La justicia y la verdad son vicarias. El testimonio de la verdad es único y no te limita; Aunque tú realidad te puede limitar el conocimiento de la verdad.

PARA QUÉ SIRVE LA JUSTICIA

"Bienaventurados los que padecen persecución por causa
de la justicia porque de ellos es el reino de los cielos"
Mateo 5:10.

Podemos establecer que la Ley se hizo para traer justicia a aquellos a quienes se les han violentado sus derechos. El propósito de la justicia es la Paz, porque es importante para el desarrollo de la sociedad. Si en una sociedad nadie es víctima de los demás y cada cual recibe lo que se merece conforme a sus actos los ciudadanos se sentirán protegidos. Por consiguiente, la Paz trae equilibrio a una sociedad. En ocasiones el hombre la utiliza como una herramienta de construcción o de destrucción. A través del tiempo vemos que el hombre no ha podido convivir en comunidad sin que haya leyes para establecer un orden social que mida el control y el proceder de unos con los otros. Tenemos el mal concepto que todo aquel que busca justicia es porque es víctima.

En ocasiones la aparente "injusticia" del victimario tiende a ser la justicia de la víctima. Todo depende de la prueba de los hechos y no solamente de la perspectiva de los hechos. En la antigüedad podemos observar como pueblos grandes y poderosos les hacían justica a pueblos pequeños a través de la conquista o la subordinación voluntaria. Vemos a través de la historia de la humanidad como las naciones siempre se han levantado unas a otras por la sencilla razón de creer que una nación es superior a otra. Entiéndase por las ventajas en avances tecnológicos, científicos, filosóficos, militares, social y económico. Esto adviene a la creencia que por selección natural (geográfica) de acuerdo a sus recursos naturales unos pueblos son más fuertes que otros. Aun en la actualidad continúa dándose esta dinámica para justificar su superioridad como excusa y someter a servidumbre a las naciones que estén por debajo de sus conocimientos.

Hay dos métodos para someter a una persona; la primera es por coerción (contra su voluntad) y la segunda por influencia (por voluntad). Algunas naciones sometían a unas por la primera y otras por la segunda. Nadie por voluntad se somete a algo y a alguien sin que haya una recompensa o convenio de por medio. Los grandes conquistadores traían justicia a los pueblos que liberaban de la opresión de otras naciones con la promesa de preservar sus culturas y hacerlos libres con la finalidad de *protegerlos* de futuras invasiones de otras naciones. La única condición someter su voluntad hacia la nación "libertadora" y a su vez se les garantizaba que fuesen parte de la nación en expansión. En ocasiones se les requería algún tributo por dichos beneficios. Así por medio de alianzas se traía justicia a las naciones menos afortunadas. Una de las cosas que la justicia nos provee es la satisfacción de que hay *recompensa* para aquellos que la alcanzan. Vivimos en una sociedad en la que todo se resuelve con dinero. Puedes visitar un tribunal de justicia y ver que casi todas las salas están plagadas de demandas. El ser humano mayormente busca que le reconozcan sus derechos para lograr lo que tanto demandan. En la mayoría de las veces la justicia está condicionada a una indemnización monetaria como el reconocimiento que prevaleció la justicia.

Se busca satisfacer una necesidad tomando como base fundamental cubrir los daños que fueron ocasionados. Para algunos la injusticia recompensa; y para otros la justicia quita. La justicia del hombre es imperfecta. Para que haya justicia tienen que existir leyes. Algo que las personas ignoran es que la justicia está atada a unas leyes. Si la persona cumple con la ley entonces puede hacer reclamo de justicia. El sistema de justicia en una sociedad trae *confianza y seguridad* a la hora de formar parte de una comunidad dentro de un país. Muchos quieren justicia conforme a lo que cada ciudadano moralmente entiende que se merece. Un ejemplo son las organizaciones de trabajo que promueven las normas de conductas para el buen desempeño y sana convivencia en el lugar de trabajo. Las personas deben de entender que lo que puede ser moral para unos para otros no es moral. Los valores varían por cultura. Una cosa que he aprendido es que en las cortes de justicia los asuntos que se atienden lo hacen casi siempre desde una perspectiva legal y no moral, aunque lo legal nace de lo moral. Es casi contradictorio una nace de la otra y ambas se oponen. Para que haya ley tiene que existir una moral. Esa moral son los valores establecidos por la sociedad conforme a su geografía y costumbres socio-políticas. Se espera que se *cumplan los valores* en las cortes de justicia. A través del *cumplimiento de las leyes* se puede hacer justicia. Todo redunda en una medida moral. Esa medida moral es Jesucristo. La Ley se hizo para que se cumpliese y fue él quien únicamente la cumplió. Él es la ley. La parábola de los labradores malvados nos muestra el contraste entre lo legal y lo moral (Lucas 20:9-18). Jesús está en la sinagoga con los escribas y principales sacerdotes.

"Comenzó luego a decir al pueblo esta parábola: Un hombre plantó una viña, la arrendó a labradores, y se ausentó por mucho tiempo. Y a su tiempo envió un siervo a los labradores, para que le diesen del fruto de la viña; pero los labradores le golpearon, y le enviaron con las manos vacías. Volvió a enviar otro siervo; mas ellos a éste también, golpeado y afrentado, le enviaron con las manos vacías. Volvió a enviar un tercer siervo; mas ellos también a éste echaron fuera, herido. Entonces el señor de la viña dijo: ¿Qué haré? Enviaré a mi hijo amado; quizá cuando le vean a él, le tendrán respeto. Más los labradores, al verle, discutían entre sí, diciendo: Éste es el heredero; venid, matémosle, para que la heredad sea nuestra. Y le echaron fuera de la viña, y le mataron. ¿Qué, pues, les hará el señor de la viña? Vendrá y destruirá a estos labradores, y dará su viña a otros. Cuando ellos oyeron esto, dijeron:

¡Dios nos libre! Pero él, mirándolos, dijo: ¿Qué, pues, es lo que está escrito: la piedra que desecharon los edificadores Ha venido a ser cabeza del ángulo? Todo el que cayere sobre aquella piedra, será quebrantado; mas sobre quien ella cayere, le desmenuzará".

La historia nos muestra que entre el dueño de la viña y los labradores hubo un acuerdo de arrendamiento para disponer de la viña. De esta manera la viña pudiese continuar siendo labrada durante la ausencia del dueño. ¿Es legal que el dueño de la viña le pida parte del fruto que se produce en su propiedad? La respuesta es sí, como parte de los negocios el dueño posiblemente podía participar de una parte de los frutos debido a que la viña era de su propiedad. Sin embargo, los labradores hicieron caso omiso a la solicitud del dueño. ¿Es moral que los labradores de la viña golpearan a los siervos como respuesta al pedido del dueño? La respuesta es No, el arrendamiento de la viña no le daba el derecho de agredir a los siervos del dueño, aunque si tenían el derecho de disponer del fruto de la viña. Por otro lado, posiblemente los labradores legalmente podían hacerse dueño de la viña que tenían arrendada si es que después de la muerte del dueño el heredero no la reclamaba. Pero no es moral que los labradores asesinaran al hijo del dueño y así reclamar la propiedad por la ausencia de un heredero. Ante tan aterradora injusticia por parte de los labradores malvados Jesús les dice sobre las consecuencias que les sobrevendrán a dichos labradores por tratar de apropiarse de la viña de forma inmoral.

A su vez él se compara con el hijo del dueño que fue enviado por su Padre y asesinado por los labradores malvados. También como la piedra desechada por los edificadores que son los intérpretes de la Ley. En el primer caso nos habla de un caso moral, como el resultado de un acuerdo legal. En su declaración final Jesús de una forma alegórica compara su persona con una piedra y hace hincapié en que la piedra desechada por los edificadores ahora paso a ser la cabeza del ángulo. El ángulo es una figura geométrica en donde dos rectas o dos planos se cortan respectivamente en una superficie o en el espacio. Significa que todo ángulo tiene una medida. En el segundo caso nos habla del rechazo hacia lo moral por parte de los intérpretes de la Ley. En ambos casos la moral fue rechazada. Jesús dice: "todo el que caiga sobre la piedra (medida) será quebrantado y a quien la piedra (medida) le cayese será desmenuzado". Jesús es la medida.

La Justicia nos garantiza la convivencia en Ley y *orden*. Una sociedad en desorden da paso a una sociedad anárquica. La justicia *balancea el poder* que tienen unos ciudadanos sobre otros de acuerdo a su estrato social. De esta manera se redistribuyen los recursos para garantizarle a toda ciudadanía los recursos básicos para la supervivencia (salud, seguridad y educación). La justicia del hombre trae satisfacción limitada conforme a la Ley. Pero la Justicia de Dios trae promesas conforme a la Fe de Dios que no tienen límites. Jesús se identifica como el reino de Dios aquí en la tierra. Entonces nuestra prioridad debería ser buscarlo a él y la justicia de Dios y *todas las cosas de las cuales tenemos necesidad* nos serán añadidas. Es más importante buscar la Justicia de Dios que la propia. Tu enfoque no puede estar puesto en *tu justicia* (Eclesiastés 7:15).

Constantemente vemos la injusticia como la excusa perfecta para justificar por qué fracasamos. El reino de los cielos es un reino dinámico en donde siempre hay actividad y movimiento. Podemos aprender de aquellos que tienen conocimiento a causa del fracaso. La ignorancia se paga con experiencia. Las personas preguntan para qué sirve la justicia si las circunstancias no cambian. Ese es el momento cuando entenderás que el cambio llegará por el padecimiento de encontrarte con la justicia, y no por alcanzar la justicia como tal. La justicia más que nada te traerá persecución a tu vida. Al sistema del mundo le encanta que te quedes en el Estatus Quo.

Desgraciadamente algunos creyentes prefieren quedarse inertes y no quieren participar de las aflicciones a la cual todos nosotros hemos sido llamados a padecer si decimos ser cristianos.

No quieren sufrir y el requisito para heredar el reino de los cielos y su justicia es padecer por causa de la Fe en Jesucristo. El proceso hace que crezcas y madures espiritualmente. El carácter es formado en el calor del proceso. Cuando luchas por *la justicia de Dios* también transformas tu mente y espíritu. El reino de los cielos es de aquellos que sufren y padecen por causa de la justicia.

En ocasiones también la justicia suele ser violenta.

El único consuelo es nada más y nada menos que el reino de los cielos. La palabra nos dice que el reino de los cielos sufre de violencia y que los violentos son los que lo arrebatan (Mateo 11:12). De qué serviría la justicia si el fin no fuese heredar las promesas del reino de los cielos. Esto quiere decir que el padecimiento encierra un misterio que solo unos pocos están dispuestos a descubrir. Ese misterio es el carácter de Jesucristo. Como es posible que él sufra de violencia y quienes se hacen de él son violentos también. Tienes que contra atacar con el mismo ímpetu y fuerza con la que te atacan. La violencia no es sinónimo de maldad, es cuando tú actúas con ímpetu y fuerza (Efesios 4:26). Esa actitud intensa y extraordinaria es con la que todo cristiano debe de hacerse del reino de los cielos y por consiguiente de sus promesas. Si no tienes conocimiento de lo que por justicia te pertenece no podrás hacerte de las promesas. El que hace Justicia es nacido de él (1 Juan 2:29).

El conocimiento es vital en una sociedad civilizada. La conciencia de un pueblo es determinada por el conocimiento intelectual, ético y moral que ellos tengan. Todo conocimiento nos guía a Jesucristo. La vida no es justa, aunque la justicia se supone que sea imparcial no es perfecta. Como dice el adagio "La justicia es ciega" y es una realidad. Tienes que aprender a vivir con las desigualdades de la vida. Hay justos que le suceden cosas como si hicieran cosas de impíos y hay impíos a quienes acontece como si hicieran obras de justos (Eclesiastés 8:14).

EL HOMBRE QUIERE QUE DIOS HAGA JUSTICIA

"Más buscad primeramente el reino de Dios y su justicia, y todas estas cosas os serán añadidas"
Mateo 6:33.

Vivimos en un mundo corrupto en donde prevalecen la injusticia, la desconfianza y el discrimen. Como consecuencia las personas viven en incertidumbre. La mayoría de las personas no perseveran en el camino debido a la falta de interés a una transformación de sus vidas. Creen que al llegar a la iglesia las cosas les serán más fáciles. Su único enfoque es satisfacer esa necesidad imperante que quizás los llevó a la iglesia. Los creyentes están buscando justicia, pero no están dispuestos a pagar el precio (Efesios 4:22-24). Pierden como objetivo principal la voluntad de Dios como la base para alcanzar la justicia (Romanos 6:16). La justicia está condicionada a los cambios. Toda justicia comienza con un verdadero arrepentimiento. En el libro El PODER de una MENTE TRANSFORMADA –Otoniel Font nos dice que la esencia del arrepentimiento implica una Metanoia en nuestra manera de pensar. Metanoia en la Biblia se traduce como "arrepentimiento". Esto comienza cuando verdaderamente decidimos cambiar el rumbo de nuestras vidas y actuamos sobre ello. En el nuevo testamento podemos leer en el libro de Hechos (8:9-24) la historia de Simón el mago. Este era un hombre que por un tiempo había engañado a muchos en Samaria utilizando sus artes mágicas y se hacía pasar por alguien grande. El pueblo pensaba que lo que él hacía era poder de Dios. Pero con lo que Simón el mago no contaba era que el Apóstol Felipe se encontraba también en Samaria predicando el evangelio del reino. Al ver el pueblo las maravillas que Felipe hacía, y escuchando el evangelio que él anunciaba también le creyeron a Felipe.

El mismo Simón el mago le creyó y fue bautizado al quedar atónito por las señales y los grandes milagros que hacia Felipe. Los Apóstoles Pedro y Juan cuando oyeron que en Samaria habían recibido la palabra de Dios decidieron ir para orar por aquellos que habían recibido el evangelio para que recibieren también el Espíritu Santo por la imposición de sus manos.

Cuando Simón el mago vio que por la imposición de manos por parte de Pedro y Juan la gente recibía el Espíritu Santo él les ofreció dinero para que ellos le otorgaran a él ese mismo poder. Entonces Pedro le dijo: *"Tu dinero perezca contigo, porque has pensado que el don de Dios se obtiene con dinero"*. Luego, Pedro le insta a que se arrepienta para que sea perdonado y nada malo le acontezca por lo desviado de sus pensamientos en cuanto a cómo él creía que se puede obtener el poder de Dios. Esta es una historia triste, pero es una realidad que vivimos hoy en día en las iglesias. Aún hay personas que creen en el evangelio de Jesucristo y habiéndose bautizado todavía no se han arrepentido y por resultado no se ven cambios en sus vidas. La realidad es que para que llegue la justicia a tu vida tiene que haber un verdadero arrepentimiento. Dentro del reino de los cielos las cosas no funcionan como funcionan en el mundo. En el mundo en que vivimos lamentablemente hay situaciones en la cual con dinero tú puedes comprar casi todo incluyendo la justicia. También es una falacia pensar que solamente con ofrendar y diezmar Dios te va a dar lo que tú quieres. Por el contrario, tus ofrendas y diezmos deben ser reconocido como el reflejo de ese arrepentimiento y no a la inversa. Lo segundo que trae el arrepentimiento es trasformación en tu ser interior para luego manifestarse externamente a través de tu conducta.

Escuchamos a personas que dicen que la salvación se puede perder. La verdad es que la salvación nunca se pierde. La salvación es por gracia y no por obra. Si vemos y analizamos la historia de Simón el mago podemos asumir que, aunque el aceptó al Señor Jesucristo y fue bautizado pensaríamos que él era salvo. Pero con semejante reprensión de Pedro hacia Simón pensaríamos que perdió su salvación. Realmente tú no puedes perder lo que nunca has tenido. Simón el mago nunca fue salvo porque nunca se arrepintió. Él creía que podía seguir haciendo las cosas a la vieja manera de vivir porque en su mente creía en el evangelio y se había bautizado.

El que tú entres a una iglesia no te hace ser cristiano. Muchas personas quieren que Dios les haga justicia, pero quieren seguir viviendo las mismas vidas que los alejan de toda justicia. El verdadero creyente quiere una transformación, y esta empieza con el arrepentimiento. Lo próximo como dice ese gran maestro y hombre de Dios; *"desaprender lo aprendido"*. Tenemos que entender que el verdadero cambio comienza en nuestro interior. Romper con la tradición y costumbre es indispensable para el cristiano. Estas cosas te limitan debido a que le impones parámetros a lo que él puede hacer contigo. Jesús mismo lo sabía y dejo saber lo importante que es este principio para recibir lo divino (Lucas5:37).

La religión es el primer obstáculo y lo secular el segundo. El creyente no debe permitir que la religión influencie su manera de pensar debido a que limita la capacidad de actuar y de creer. Tampoco debemos dejar que el mundo decida sobre lo que debe de ser un cristiano. Honestamente ser cristiano es darle la oportunidad a Dios a que se revele a través de nosotros.

La revelación más grande que Dios nos ha dado es Jesucristo. El evangelio es el método para hacer notoria dicha revelación. La Fe es el combustible de la expresión del evangelio. Los religiosos creen que la conversión al cristianismo comienza con lo externo de la persona con el fin de proyectar al mundo una modificación de conducta. Modificación no es lo mismo que trasformación. Tú puedes modificar algo que en su esencia sigue siendo lo mismo. La transformación implica transmutar algo en otra cosa por lo tanto no sigue siendo lo mismo.

Por otro lado, quieren proyectar que todos los cristianos somos personas perfectas. Crean la ilusión a la congregación y al mundo que todo es armonía y unidad. Como sabemos eso no es real.

Las personas al ver que pasan los días y continúan viviendo las injusticias se enfrían y entonces dejan de asistir a la iglesia. Pierden el verdadero enfoque del evangelio. Luego los extrañamos y nos preguntamos por qué dejaron de asistir a la iglesia. Cuando nos damos cuenta fue la misma iglesia que propició la salida de aquellos a los que debimos de haber cuidado para la gloria de Dios. Como creyentes debemos entender que la responsabilidad de cuidarnos unos a otros es de todos (Gálatas 6:2). La responsabilidad no debe recaer solamente en el Pastor, es un trabajo en equipo. Eso es parte del orden. El ser cristiano no quiere decir que llevan vidas perfectas, el ser cristiano es que reconoces que no llevas una vida perfecta y necesitas de Dios. El requisito para servirle a Dios NO es que debemos de tener una vida intachable. Por dicha razón es que Jesús entrego su vida por nosotros (1 Juan 2:12). A veces nuestra forma de vivir es un desastre y por eso acudimos a Dios para que nos ayude a organizar nuestras vidas conforme a su palabra. Primeramente, la clave está en el arrepentimiento para luego entrar en el proceso de sanación. Entonces pacientemente el señor identificará las áreas de tu personalidad a ser moldeadas al carácter de Cristo.

El evangelio del reino no es una varita mágica, es un estilo de vida diseñado para ser de bendición. Para bendecir a otros y mostrarle al mundo que Jesucristo es el Señor. Una palabra que siempre se predica con relación a la justicia es el siguiente verso: *"Buscad primeramente el reino de Dios y su justicia y todas estas cosas os serán añadidas" Mateo 6:33.* Podemos observar que dicha promesa está condicionada. Lo que estás buscando lo obtendrás con la condición de primero buscar el reino de Dios. Esta palabra nos da la promesa de que todas esas cosas que nos hacen falta también Dios te las va a dar por que él sabe que tenemos necesidad de ellas.

Una de las cosas que debemos preguntarnos es ¿Qué es el reino de Dios? La frase *el reino de Dios* donde único la encontramos en la biblia es en el nuevo testamento. A través de los evangelios cuando Jesús se refiere al reino de Dios podemos observar que el reino de Dios es algo que se nos ha acercado con poder, se puede ver y hallar, es algo en donde se puede ir y entrar, que está reservado para aquellos que estemos empoderados y dispuestos a anunciarlo. En el libro de los Romanos 14:17 se nos aclara que el reino de Dios no es comida ni bebida (material), sino justicia, paz y gozo en el Espíritu Santo (inmaterial) y en 1 de Corintios 4:20 dice que el reino de Dios no consiste en palabras sino en poder, y en Lucas 17:21 Jesús les dice a los fariseos que el reino de Dios está entre nosotros.

Esta bastante claro que el reino de Dios es Jesucristo la simiente del cual se profetizó desde el Génesis. En Apocalipsis 3:20 Jesús nos dice: *"He aquí, yo estoy a la puerta y llamo; si alguno oye mi voz y abre la puerta, entraré a él, y cenaré con él, y él conmigo".*

Siempre hemos escuchado a los religiosos señalando a personas y estableciendo quienes son los que se salvaran y heredaran el reino de Dios (Jesucristo) y quienes irán al infierno como si ellos tuvieran dicha potestad.

Se escuchan como jueces prepotentes sedientos de "justicia" jugando a ser los voceros de Dios en la tierra apartándose de la verdadera palabra de Dios. Los vemos en la televisión y los escuchamos en la radio discriminando con todos aquellos que no piensan como ellos sacando la palabra de Dios fuera de contexto, dándole interpretaciones erróneas utilizándola como martillo y no como espada.

Siempre he sido fiel a que toda interpretación y revelación que uno cree que vino de parte de Dios tiene que ser filtrada por la misma palabra. El filtro principal es el gran mandamiento de Jesús *"...* *amarás al Señor tu Dios con todo tu corazón, y con toda tu alma, y con todas tus fuerzas, y con toda tu mente; y amarás a tu prójimo como a ti mismo" Lucas 10:27 "*. Se supone que todo lo que te sea revelado te acerque más al Señor conforme a su imagen y semejanza o sea ver las personas como Dios las ve. A su vez te llevará a ver a tu prójimo como a ti mismo. Se nos ha enseñado erróneamente que Dios busca justicia. Tal pensamiento no puede estar más lejos de la realidad porque Dios no busca justicia, Él es la justicia (Deuteronomio 32:4). Esta confusión hace que nos preguntemos ¿Porque Dios está enojado con el mundo? ¿Qué él quiere de mí? El propósito divino por el cual el hombre fue creado todavía sigue vigente. Tenemos que entender que Dios no está enojado. Si lo estuviera la historia hubiese llegado a su final. Vivimos en un mundo injusto pues el que puede no quiere, y el que quiere no puede. No se trata de lo que Dios pueda hacer, se trata de obedecer (Mateo 12:50). Nuestros planes nunca fueron revocados, sino que fueron ordenados.

¿QUE SON LOS FRUTOS?

"Haced, pues, frutos dignos de arrepentimiento…"
Mateo 3:8

En términos generales los frutos es todo producto que se obtiene de la tierra especialmente el proveniente de las plantas y árboles. En la Biblia se hace mención a árboles frutales. También Jesús compara al hombre con un árbol. La palabra frutos se utiliza en sentido figurado en las escrituras. Este es el aspecto en el cual quiero enfatizar. Jesucristo a través de sus evangelios nos muestra su habilidad de utilizar de una forma alegórica y con voz sencilla ejemplos de la vida cotidiana para plantear una idea y/o llevar un mensaje. Él usó metafóricamente la palabra frutos con picardía para hacerse entender y comunicar un pensamiento. Es una manera simple de hacer entender las cosas. Entiéndase que cuando hablamos de los frutos estamos haciendo referencia a los resultados de nuestras obras, el carácter cristiano, y las consecuencias de nuestras acciones. Podemos mencionar como fruto, los hijos, la Fe, la justicia, mis obras, el salario de mi trabajo, algún servicio comunitario, producción de valores, etc. La Biblia hace mención que los frutos también son todas aquellas cosas que salen de la boca del hombre (Proverbios 18:21). Es decir, debemos cuidar lo que decimos. Jesús con la parábola de la higuera estéril nos ilustra lo importancia de los frutos en Lucas 13:6-9.

"Dijo también esta parábola: Tenía un hombre una higuera plantada en su viña, y vino a buscar fruto en ella, y no lo halló. Y dijo al viñador: He aquí, hace tres años que vengo a buscar fruto en esta higuera, y no lo hallo; córtala; ¿para qué inutiliza también la tierra? Él entonces, respondiendo, le dijo: Señor, déjala toda-

*vía este año, hasta que yo cave alrededor de ella, y la abone. <u>Y si
diere fruto, bien; y si no, la cortarás después.</u>"*

Los frutos provienen de las plantas y árboles, pero a su vez sin no
están en un buen terreno la planta y el árbol no producirá los frutos
deseados. El terreno es el ambiente y el reconocimiento de conocer
lo que tienes. De esta manera se nos enseña que tenemos un tiempo
determinado para dar frutos. Durante ese tiempo tenemos que cuidar lo que queremos producir.

Hay momentos en donde debemos tomar la decisión de entender, si somos capaces de manejar lo que el señor nos ha confiado. El
apóstol Santiago nos habla de lo importante que es tener sabiduría
a la hora de tomar decisiones (Santiago 1:5). Vemos que el viñador
le pide al dueño de la viña que le de otro año más para él entonces
ponerse a abonar lo que se supone que él hubiera abonado tres años
antes. Para Dios el entendimiento de producir frutos son parte esencial de la vida de un creyente. La decisión final del dueño de la viña
es tajante y firme. De no dar frutos éste año es necesario que la corte
debido a que inutiliza la tierra. El dueño le muestra al viñador que él
tiene que estar pendiente a todo aquello en lo cual estamos supuestos
a producir. En nuestras vidas cuidamos de cosas que no dan frutos,
que desafortunadamente desenfocan nuestros esfuerzos. Queremos
hacer que cosas produzcan frutos cuando debemos cortarlas. Al viñador se le otorga un poco más de tiempo con la condición de que si la
higuera no da frutos en el tiempo establecido tiene que ser cortada.

Sabiamente el señor de la viña quiere enseñarle al viñador que
el tiempo para dar frutos no está condicionado a la Fe que él tiene
depositada en la higuera. La higuera por naturaleza tiene un tiempo
para producir, sino produce por las circunstancias, nunca va a producir. Podemos tener Fe en cosas que no van a producir frutos. El
terreno puede estar fértil y el árbol no dar fruto porque es estéril. La

condición de la tierra no determina si habrá frutos, lo determinará la condición de la semilla. Quien único conoce la condición de la semilla es Dios. Él es el quien da crecimiento (1Corintios 3:7). Este principio nos lleva a que tenemos que desprendernos de todo lo que sembramos para ver los resultados en tu cosecha. Debemos identificar aquellas cosas que consumen los recursos que se nos han otorgado para producir. Todo lo que ocupa espacio y no produce hace inútil el espacio que ocupa. A veces el señor nos permite que veamos que cuidamos de cosas inútiles que no vale el esfuerzo cuidarlas.

Nuestras ofrendas Dios las reconoce como frutos (Génesis 4:3). En el antiguo testamento se utilizaban de forma expiatoria, de paz, para obras, para el tabernáculo, para ayudas sociales y de acción de gracias etc. En el nuevo testamento aún siguen vigentes dichos motivos, pero se enfatiza que la ofrenda agradable es aquel que ha sido santificado por el Espíritu Santo. La mejor ofrenda es el mismo creyente cuando se presenta santo y agradable a Dios (Romanos 12:1). Nuestras vidas como producto del fruto del espíritu moldean el carácter del creyente siendo la mejor ofrenda.   Para Dios somos reyes y sacerdotes (Apocalipsis 5:10). Reyes para conquistar y sacerdotes para presentar ofrendas. Cuando el rey conquista y obtiene su botín (recompensa) entonces se presenta con el sacerdote para diezmar y ofrendar de lo conquistado. El rol de rey y sacerdote es la conciencia para producir y para presentar los frutos. Todo lo que ofrendemos para el Señor lo debemos hacer con excelencia. El personaje bíblico que por excelencia nos muestra este principio es Abraham en Génesis 14:14-20.

"Oyó Abram que su pariente estaba prisionero, y armó a sus criados, los nacidos en su casa, trescientos dieciocho, y los siguió hasta Dan. Y cayó sobre ellos de noche, él y sus siervos, y les atacó, y les fue siguiendo hasta Hoba al norte de Damasco. Y recobró todos los bienes, y también a Lot su pariente y sus bienes, y a las

mujeres y demás gente. Cuando volvía de la derrota de Quedor-
laomer y de los reyes que con él estaban, salió el rey de Sodoma a
recibirlo al valle de Save, que es el Valle del Rey. Entonces Mel-
quisedec, rey de Salem y sacerdote del Dios Altísimo, sacó pan y
vino; y le bendijo, diciendo: Bendito sea Abram del Dios Altísimo,
creador de los cielos y de la tierra; y bendito sea el Dios Altísimo,
que entregó tus enemigos en tu mano. Y le dio Abram los diezmos
de todo".

Curiosamente observamos que Abraham fue recibido por ciertos
reyes en el valle de Save un lugar conocido como el Valle del Rey.
Quiere decir que este valle era un lugar de encuentro de reyes y sacerdotes. Cabe de señalar que Abraham no era un rey y tampoco un
sacerdote naturalmente hablando, él no poseía ningún reino o nación. Lo asombroso es que estos reyes lo veían como rey y le salieron
al encuentro en dicho lugar. Fue entonces que el sacerdote le bendijo
e hizo distinción del Dios de Abraham bendiciendo su nombre. A lo
cual Abraham con conciencia de rey y sacerdote respondió dándole
los diezmos de lo conquistado. Era un hombre poderoso que con un
puñado de hombres (nacidos en su casa) obtuvo una gran victoria.

Las más grandes victorias no dependerán de nuestro conocimiento y no serán con grandes ejércitos; serán únicamente con aquellas
personas que tengan tu misma conciencia. Abram tenía alineados sus
pensamientos con su corazón y a su vez sus palabras daban testimonio. Por más que el creyente ofrende si su corazón no es el correcto
delante de Dios la ofrenda se hace inútil.

Un corazón correcto delante del señor es aquel que hace misericordia. Varias veces observamos en la Biblia que el señor no puede
aceptar una ofrenda de un corazón que no esté alineado a los Frutos
del Espíritu. En el nuevo testamento Jesús nos deja saber la importancia de éste principio dejándole saber a la iglesia que si usted tiene

algún problema con alguien es mejor que resuelva ese asunto antes de presentar alguna ofrenda (Mateo 5:23-24). El dar una ofenda por entregar algo no le hace sentido a Dios porque el efecto que debe tener una ofrenda en Dios es el mismo efecto que debe de tener en ti. Las ofrendas no se deben dar, las ofrendas se presentan. Lo que tú das no tiene un propósito, aunque lo hagas con un objetivo; Ahora lo que tú presentas a Dios lo haces con sentido porque tienen un propósito. El objetivo es como una misión debido a que tiene un fin tangible (alcanzable). El propósito es como una visión, aunque la tomamos como verdadero su fin es intangible (inalcanzable) porque siempre habrá algo más que hacer. Esa es la razón por la cual siempre ofrendamos. En las sagradas escrituras siempre se nos dice que los sacerdotes *presentan* las ofrendas. Los sacerdotes no entregan ofrendas, ellos las presentan delante de Dios. Cuando tú entregas la ofrenda tu enfoque es tu ofrenda, pero cuando tú la presentas tu enfoque es Dios y no tu ofrenda. En el primer caso tu mirada apunta hacia abajo y en el segundo tu mirada apunta hacia arriba. No solo basta la intención de ofrendar. La condición del corazón de un sacerdote es lo que determina el agrado de la ofrenda. En el antiguo testamento el sumo sacerdote que se escogía para entrar al lugar santísimo tenía que presentarse santo espiritualmente y perfecto naturalmente (sin ningún defecto físico). El primer asesinato registrado de la historia fue por causa de una ofrenda siendo ésta el resultado del estado del corazón y de la conciencia detrás de la ofrenda. Esta es la diferencia de dar y presentar. En Génesis 4:3-8 la historia de Caín y Abel nos dice:

"Y aconteció andando el tiempo, que Caín trajo del fruto de la tierra una ofrenda a Jehová. Y Abel trajo también de los primogénitos de sus ovejas, de lo más gordo de ellas. Y miró Jehová con agrado a Abel y a su ofrenda; pero no miró con agrado a Caín y a la ofrenda suya. Y se ensañó Caín en gran manera, y decayó su semblante. Entonces Jehová dijo a Caín: ¿Por qué te has ensañado, y por qué ha decaído tu semblante? Si bien hicieres, ¿no serás

enaltecido? y si no hicieres bien, el pecado está a la puerta; con todo esto, a ti será su deseo, y tú te enseñorearás de él. Y dijo Caín a su hermano Abel: Salgamos al campo. Y aconteció que estando ellos en el campo, Caín se levantó contra su hermano Abel, y lo mató".

Caín entregó una ofrenda y Abel presentó una ofrenda. Son dos conciencias diferentes.

La ofrenda que se entrega es buena; Pero la que se presenta es mejor. Lo que tú presentas son las primicias de tus frutos. Cuando tu separas tus primicias para Dios estás dándole a él el primer lugar. La ofrenda agradable es preparada; la preparación es sinónimo de tiempo. No quiero que mal interpretes lo antes mencionado porque cuando tú fluyes en la dádiva lo haces con un propósito, pero es un nivel de conciencia básico de ofrendar.

En cambio, cuando tu conciencia es la de presentar una ofrenda quiere decir que estas separando lo mejor de tus frutos. Incluso cuando Dios le dice a Caín "si bien hicieres" es una confirmación a una afirmación. Esto quiere decir que era una conducta repetitiva de Caín del no estar haciendo bien las cosas. Por eso se enseñó en gran manera y su semblante decayó (no era la primera vez que lo hacía). Nuevamente la desobediencia trajo consecuencias nefastas a la primera familia. A veces nuestras dádivas tienden a ser espontaneas. Lo espontáneo NO es un fruto, es solo una reacción. El mejor fruto es producto del tiempo.

Las ofrendas son fruto del tiempo. Tu salario es producto de un tiempo por una tarifa trabajada. Creo fielmente que tu ofrenda debe de ser preparada en tu lugar santo (casa) para entonces presentarla en el lugar santísimo (iglesia). La cantidad o el tamaño de una ofrenda no es lo que la hace agradable, lo que la hace agradable es la calidad. La calidad es la importancia que representa dicha ofrenda para tu corazón. No hagas de tu ofrenda una dadiva, has de tu ofrenda un presente (regalo) para Dios. Realmente Dios no necesita nada de nosotros. Somos nosotros los que necesitamos de él. En ninguna manera quiero decir que a Dios lo compramos o manipulamos con nuestras ofrendas. A Dios lo que lo mueve es la Fe. El sello de esa Fe es la ofrenda. La mejor ofrenda que se haya presentado fue el sacrificio de Jesús en la cruz del calvario.

En el capítulo anterior hablamos de lo importante del verdadero arrepentimiento como requisito para que Dios haga justicia. El arrepentimiento es un fruto. El convertirse al cristianismo es el principal resultado producido por dichos frutos. Es cuando te das cuenta que nada puedes hacer sin Jesús. Tu carácter debe ser la manifestación de ese arrepentimiento. Juan el Bautista predicaba sobre la importancia del bautismo para arrepentimiento y perdón de nuestros pecados. Lo que llama la atención es que Jesús mismo se bautizó en las aguas del rio Jordán para que se cumpliese toda Justicia (Mateo 3:13). ¿Si el bautismo en las aguas es para arrepentimiento y perdón de nuestros pecados entonces porque Jesús se bautizó, y dice que conviene que lo haga para que se cumpla toda justicia? Su bautismo no fue para arrepentimiento y perdón de sus pecados porque en él no había pecado (Hebreos 4:15). Cuando Jesús hace la salvedad que su bautismo era para cumplimiento de *toda justicia* se refería a lo que proviene del fruto del Espíritu. La justicia es un fruto del Espíritu. Dicha justicia era para liberar a la humanidad (Colosenses 2:13-15).

Entonces toda manifestación del Fruto del Espíritu se cumpliría en su ministerio. Romanos 6:4 nos dice: "***hemos sido sepultados*** Jesús sepultó su voluntad por medio del bautismo en las aguas para hacer la voluntad del Padre. ***juntamente con él para muerte por el bautismo...***" y Colosenses 2:12 nos dice: "***sepultados con él en el bautismo...***" La sepultura es sinónimo de muerte y tú no puedes ser transformado hasta que no mueras a ti. Jesús dejó atrás el hombre pre ministerial para darle paso al hombre ministerial. Inmediatamente después de su bautismo Jesús entró al desierto donde su carácter fue transformado y como resultado salió en el poder del Espíritu. Así es que principia su ministerio (Lucas 4:13-14). El carácter de Jesús tuvo que ser perfeccionado a través de la obediencia (Hebreos 5:8-9). Toda semilla para dar fruto primero tiene que ser sepultada. Para que todo fruto de justicia fuese cumplido tenía que manifestarse el mayor de todos los frutos: El Amor. Ese sentimiento intenso de afecto permitió que la Ley se cumpliese (Romanos 13:10). Así se cumplió toda justicia.

La semilla es la palabra (Lucas 8:11). La palabra es Jesús. Como hijo, es la semilla de un Padre y fruto del Espíritu (Lucas 1:35). Nuestros hijos como estima del fruto del vientre de la mujer Dios los reconoce como su herencia (Salmos 127:3). En la Biblia hay una historia de una mujer que clamaba a Dios para tener un hijo. Esta mujer se llamaba Ana y fue la mamá del profeta Samuel (1 Samuel 1:28). Ella hizo el voto de dedicar su hijo a Dios, si él le daba la dicha de tener un hijo. El señor le concedió el hijo que ella tanto quería, ella hizo conforme a su voto, Ana le entregó su hijo a Dios. El deber que tenemos como padres es cuidar nuestra herencia ya que es la de Dios. La mejor manera de hacerlo es consagrar la vida de nuestros hijos y presentárselos a Dios como el mejor fruto de nuestra tierra.

La Biblia nos habla del fruto del Espíritu. El fruto del Espíritu es amor, gozo, paz, paciencia, benignidad, bondad, fe, mansedumbre, templanza; contra tales no hay ley (Gálatas 5:22-23). Observamos que el fruto del Espíritu son todas aquellas características que deben de definir el carácter del verdadero cristiano. Todas y cada una de ellas deben ser manifiestas en momentos buenos, como en aquellos que por alguna razón u otra son momentos difíciles. Situaciones difíciles enfrentaremos siempre en nuestras vidas. Lo importante es que en medio de dichas situaciones el fruto del Espíritu tome dominio de nuestro ser. El apóstol Pablo nos dice que contra el carácter de Jesús no hay ley. Esto quiere decir que no hay nada legal, ni otra cosa moral contra tal comportamiento. Cuando fluyes en el fruto del Espíritu comienzas a ver las cosas como Dios las ve. El aspecto del tiempo siempre se menciona en el tema de los frutos. El fruto está relacionado con el tiempo. El fruto demuestra que tienes una relación con Dios. La Fe es un fruto producto de una relación. El fruto de la Fe está condicionado a la relación que tenemos con Dios. Mientras más tiempo pases en comunión con la palabra más maduro será el fruto del Espíritu. Tu Fe será madura y podrás distinguir entre lo bueno y lo que proviene de Dios. Cuando maduras espiritualmente le permites al creador hacer de ti una nueva creación (2 Corintios 5:17).

Tus frutos son tu mejor carta de presentación como cristiano. Dios quiere que haya más hombres y mujeres con el carácter de Jesús dentro de su pueblo. De esta manera el mundo pondrá los ojos en ese puñado de personas nacidas en su casa dispuestas a sacrificar todo lo que son por causa de lo que creen. Tus frutos son tu mejor testimonio. Una persona que no fructifica es una persona que limita su Fe. Entonces limitas la semilla que Dios ha depositado en ti. Jesús es el autor y consumador de nuestra Fe. Cuando no produces frutos te conviertes en la higuera que está dentro de la viña que hace inútil el espacio que ocupa. Si no quieres fructificar tienes que ser cortado y ser removido. Nunca te avergüences de los frutos de tu vida (buenos y malos) ellos son parte de lo que tú eres. Tu manera de hacer las cosas es lo que te ha llevado a ser quien eres y sobre todo haz podido preservar tu vida. No permitas que nadie te diga como tú debes ser; tú eres quien eres.

Dios quiere cambiar tu carácter no tu personalidad. Es a través de tu carácter que entonces tú influencias tu personalidad. Nunca finjas ser quien tú no eres. Por eso es que Dios pone más atención a tus frutos que a la justicia que tú deseas. Tú quieres justicia de parte de Dios; y Dios quiere tus frutos. Tu justicia hacia tu prójimo es parte de tus frutos, y activará la multiplicación en tu tierra. Entonces conviértete en un mayordomo para señorear sobre tu vida. Haz el fructificar y multiplicar la prioridad en tu vida y veras como resplandecerá tu justicia. Usa la Fe.

¿Para qué sirven los frutos?

"Así que, por sus frutos los conoceréis."
Mateo 7:20

No son nuestras obras por si mismas las que nos justifican sino la palabra que tú pones por obra. Jesús enfatiza en los evangelios la necesidad de dar frutos debido a que ellos deciden si somos capaces de heredar el reino de Dios. Tú puedes crecer espiritualmente y no madurar como cristiano (madurar no es sinónimo de espiritualidad). Madurar va de la mano con los frutos. Por sus frutos los conoceréis (Mateo7:0; 7:16; 7:20; Lucas 6:0). Tus frutos hablan más que tus palabras y son muestra de tu madurez. La Biblia nos menciona que la muerte y la vida están en poder de la lengua, y el que la ama comerá de sus frutos (Proverbios 18.21). Pero el verdadero poder se muestra cuando tú tienes dominio sobre ella (lengua) y eso lo alcanzas solo con madurez (1 Pedro 3:10, Santiago 1:26). Un aspecto importante en cuanto a la utilidad de los frutos es que la palabra nos insta a que demos frutos de amor. Si todo lo que haces los haces sin amor es en vano todo lo que haces (1 corintios 13 1:13). Que nuestros frutos se vean a través del resultado de nuestras acciones. La palabra dice que aquel árbol que no dé frutos será cortado y echado en el fuego (Mateo 3:8-10). Estas son las cosas que hacen de oídos sordos algunos que dicen ser creyentes. Lo que quemas es porque no sirve. Dios no quiere que te quemes, pero si te tiene que echar al fuego lo va hacer. El señor no miente. Tampoco es Dios de perezosos (Proverbios 6).

El fruto del espíritu transforma tu carácter y lo alinea al carácter de Jesucristo. Son los frutos que tú produzcas los que te harán justicia. Sean frutos de la carne o frutos del espíritu los que tú manifiestes.

Como dice mi pastor "Si tú supieras; realmente no querrás obtener la cosecha de todo lo que tú has sembrado". Siempre en nuestro reclamo de justicia hablamos de lo bueno que hacemos, pero no de las cosas que no son tan buenas que hemos hecho. En mi carácter personal he tenido experiencias con personas que uno aprecia y aun siendo cristianas no puedan tener claro dicha verdad. Siempre vemos la moneda de una sola cara. Los frutos son muestra de madurez. La madurez se manifiesta a través de la paciencia. Este es uno de los frutos más importantes porque con la paciencia alcanzas las promesas. También hay que manifestarla con nuestro prójimo ya que posiblemente así Dios la ha tenido quizás contigo. Este es nuestro mayor testimonio. En el libro La historia dentro de ti – Xavier Cornejo nos menciona que la grandeza de una persona se puede medir por al tamaño de las batallas que decide afrontar. La marca de un guerrero no es su habilidad de luchar una batalla que parece ganada, sino de levantarse y pelear una batalla que parece perdida.

En lo personal tuve la oportunidad de manifestar el fruto del espíritu en todo su esplendor en un asunto familiar. Una tempestad que prácticamente desencadenó en una serie de eventos como disputa familiar, encarcelamiento, muerte y luego divorcio. Son esos momentos en los que realmente se manifiesta la madurez espiritual que Dios quiere que manifestemos.

Hablo de ese momento cuando se cierran los cielos y vez que nada está pasando, pero sabes que del cielo te están observando. Es en donde la vida te pone a prueba, y todo lo que has aprendido de las sagradas escrituras hasta ese momento lo tienes que poner en práctica. No quiero proyectarme como si yo supiese todo lo que tenía que hacer en aquel momento porque si lo hiciese les estaría mintiendo. Ante dichos eventos fue su gracia la que permitió que fluyese de acuerdo a la instrucción del Espíritu Santo para mantenerme firme y no perder la cabeza.

En medio de toda esta vorágine de eventos es cuando uno comienza a claudicar con pensamientos negativos. Es el momento más oscuro de tu vida, entonces es cuando Dios te da esa palabra de Fe, aliento y esperanza a través del Pastor de su casa. No les niego que fue un refrigerio escuchar tan nobles palabras de parte de Dios, pero dejó más preguntas que respuestas. Entonces te das cuenta que es Dios quien está permitiendo que suceda todo lo que está pasando alrededor tuyo. Ahí es cuando pude ver el brazo fuerte de Dios empezando a remover pensamientos, costumbres y personas de tu camino para establecer orden (Lucas 1:51). Es cuando el señor te dice: "te quiero subir a otro nivel". Cuando lo escuché decir esas palabras lo menos que pensé fue que estaba subiendo pues todo parecía estar desmoronándose.

Así son las cosas del reino de los cielos lo que en lo natural parece estar cayendo en el reino espiritual se está subiendo. Es cuando Dios limpia la casa y solamente quedas tú y él para dialogar directamente. A pesar de haber sido disciplinado durante todo el proceso no le puedo negar que me sentí bien (Hebreos 12:6-11). Es cuando puedes ver el despliegue de su gracia sobre tu vida trayendo personas dispuestas a ayudarte y abriendo nuevas oportunidades. Después de tres años y medio de dichos eventos Dios magistralmente le pone punto a lo que yo le había puesto una coma. Todo me fue revelado al culminar la tormenta. Entonces es cuando él te dice: "lo que para otros era una falta de carácter para mí fue una manifestación del fruto de mi espíritu en tu vida". Esa son las cosas que uno tiene que escuchar para ser reafirmado, y eso solamente lo hace el Señor. Te das cuenta que cuando todo era caos, tú llamabas al orden, cuando pedían contienda, tú eras manso, cuando incitaban a la guerra tu querías paz, cuando la amargura tocaba los corazones de otros tu llamabas al amor, cuando te insultaban mostrabas templanza, cuando te criticaban tu manifestabas paciencia. Hay dos tipos de personas en estas clases de tormentas, los que te rechazan y los que se aprovechan.

Algunos ven el fruto del espíritu como una falta de carácter. Tienen el conocimiento entenebrecido pues la soberbia y la altivez del espíritu que impera en sus mentes y corazones los descalifican para toda buena obra, y piensan que las cosas no se pueden ver de la manera cristiana. Cuando el fruto del espíritu es el carácter mismo de Jesucristo. Tu madurez espiritual en tu vida es determinada por el grado de manifestación del Fruto del Espíritu. También tenemos a personas que abusan y se aprovechan del verdadero carácter del cristiano pensando que por ser creyente tenemos que aprobar su comportamiento. Pero cuando tienes claramente quien pelea tus batallas ambos tipos de personas pasan a un segundo plano. Entonces comienzas a amarlos como Dios los ama. Te das cuenta que nuestra lucha no es contra carne ni sangre (Efesios 6:12). La perspectiva de como vemos las cosas puede ser diferente a la perspectiva de Dios. Tenemos que encomendarnos siempre a él antes de emitir juicio alguno.

Es fundamental tener conciencia de niño para recibir el reino de los cielos (Marcos 10:13-16). El niño todo lo cree. Pero no hemos sido a llamados a ser niños toda la vida. Somos llamados a crecer en palabra y madurar espiritualmente (1 Corintios 13:11). Recuerda que tus frutos son el mejor respaldo contra cualquier injusticia y hablarán por cuenta propia. Tus frutos son el testimonio del cambio. La sabiduría que es de lo alto (la que proviene de Dios) viene llena de misericordia y buenos frutos (Santiago 3:17). La sabiduría por ser un fruto de Dios está disponible para el que la quiera (Santiago 1:5). Hablar de sabiduría y no mencionar el nombre del Rey Salomón es como hablar de Jesús y no mencionar la cruz. El Rey Salomón fue el hombre más sabio en pisar la tierra antes que Jesús. Se nos dice en 1 Reyes 4:29 *"Y Dios dio a Salomón sabiduría y prudencia muy grandes, y anchura de corazón como la arena que está a la orilla del mar".* Note que la sabiduría y la prudencia juntas son expresadas como grandes, pero cuando las comparas con la anchura de su corazón se ven pequeñas. La sabiduría y la prudencia provienen de la mente. Aunque el corazón es engañoso (Jeremías 17:9); hay que guardarlo de toda cosa porque de él mana la vida (Proverbios 4:23). ¿Cómo de algo que es engañoso puede manar vida? La respuesta es la condición del corazón y no el corazón en sí (Mateo 5:8). En Marcos 7:21-23 nos da una descripción acertada conforme a un corazón contaminado. Lo que contamina al hombre no es lo que él ingiere, sino sobre que él piensa de lo que está ingiriendo. La contaminación no viene de afuera hacia adentro, proviene de adentro hacia afuera. Los malos pensamientos es lo que contamina al ser humano. Lo que tú hablas es reflejo de cuanto de Jesucristo hay en ti: Tú eres el único que tienes el poder de invalidar cuanta palabra de Dios puede funcionar y hacerse realidad en tu vida. Cuando tú te posicionas debajo de la palabra de Dios es cuando tú aseguras que no tienes control sobre lo que tú no tienes autoridad. Ese es un gran obstáculo que tenemos los creyentes que no nos permite en ocasiones entender cómo funciona el reino de los cielos. La parábola del crecimiento de la semilla muestra este principio (Marcos 4:26-29).

"Decía, además: Así es el reino de Dios, como cuando un hombre echa semilla en la tierra; y duerme y se levanta, de noche y de día, y la semilla brota y crece sin que él sepa cómo. Porque de suyo lleva fruto la tierra, primero hierba, luego espiga, después grano lleno en la espiga; y cuando el fruto está maduro, en seguida se mete la hoz, porque la siega ha llegado.

La parábola enfatiza el orden correcto de las cosas para ilustrar cómo funcionan las cosas en el reino de Dios. La tierra no puede producir en sí sola si no hay quien la labre (Génesis 2:5). Igual que al principio de la creación Dios había creado toda la naturaleza antes que existiese la tierra, y así mismo es como funciona dicho principio. Dios tiene preparada las personas a la cual hemos sido llamadas a evangelizar. Hasta que no tengamos claro el principio de que tú no tienes control sobre lo que no se te ha dado autoridad no podremos entender para que servirán los frutos. Tus frutos te darán autoridad. Cuando tú muestras madurez espiritual desarrollas una visión aguda para identificar lo que es maduro. Por ejemplo, un hombre maduro buscando pareja identifica a una mujer madura a través de la obediencia y revelación. La madurez espiritual es revelada en el proceso de siembra y cosecha. La edad o el conocimiento NO es lo que determina tu grado de madurez espiritual. Lo determina tu relación con Dios. Lo vemos cuando Jesús fue presentado a Herodes (Lucas 23: 6-12). En los momentos oscuros de tu vida tu silencio maravilla (Mateo 27:14).

En el silencio se encuentra la voluntad del señor pues es cuando callas tus oídos naturales y los espirituales se abren. En el silencio es que el mismo Espíritu Santo te da la instrucción de que decir y cual fruto debes manifestar. En esta ocasión vemos a un Jesús en templanza. Por más que trataron de quebrarlo él nunca se rompió. La templanza se forma en el calor del proceso. En realidad, nunca sabremos qué era lo que estaba pasando por la mente de Jesús en esos momentos, pero si podemos ver que hacer en un momento oscuro. Satanás no quiere que tu madurez espiritualmente. Cuando tú maduras espiritualmente puedes ver la voz de Dios. En el proceso del crecimiento de una semilla vez la voz del señor en las diferentes etapas del crecimiento. Finalmente es en la madurez de la semilla que Dios quiere que te enfoques y no en el proceso de crecimiento. Cuando identificas madurez entonces sabes que tienes que meter la "hoz". La hoz es sinónimo de la palabra puesta en acción. Esa acción es la Fe. El final de toda semilla es la hoz. Cuando identificas a personas maduras es el momento de hablarles de la Fe y luego Dios dará crecimiento. Mi trabajo es darle acción a la hoz.

Si eres un soldado de Cristo y líder NO caigas en la trampa de averiguar lo que está pasando en territorio enemigo. Tu tropa depende de ti, mantén siempre tu posición no importa lo que no estés viendo.

El problema de todo ser humano es siempre querer saber que está pasando. No todo lo que tú veas que está pasando es porque algo está ocurriendo. A veces ocurren cosas que son por causa de no hacer nada, por lo tanto, siempre se está haciendo algo. Hemos sido llamados a hacer que las cosas ocurran. Pero tú decides si haces algo para producir o haces para no producir nada. La palabra de Dios dice que su palabra no torna a tras vacía, sino que ella vuelve para atrás con el fruto por el cual ella fue enviada (Isaías 55:11). Esto denota madurez espiritual en cuanto al conocimiento de que tú no tienes el control de lo que tú no tienes autoridad. Tu controlas tus decisiones (lo que tú dices o haces) pero quien controla el resultado es Dios. La palabra dice que es la palabra que sale de la "boca de Dios" que hará lo que él quiere (no lo que tú digas). Podemos declarar muchas cosas, pero quien responde a la palabra del señor es la que sale de su boca que es lo que está escrito en sus sagradas escrituras. Procura que todo lo que salga de tu boca sea lo que el señor dice que sale de su boca que se encuentra en su palabra y por ende debes de creer. No utilices la boca de Dios (palabra) conforme a lo que otros quieran que ocurra. La palabra responderá cuando tu voluntad está alineada a la voluntad del Padre.

A esta acción de parte de Dios le llamo el "freno del señor". Es demasiado poder en nuestra boca como para ser mal utilizado en medio de la batalla entre la carne y el espíritu que libramos día a día. Aquellos que son maduros espiritualmente son los que Dios prepara para que a través de ellos sea la manifestación del poder de su palabra. El carro de carrera más potente tiene que tener frenos igualmente potentes. De lo contrario toda su potencia trabaja en su contra por que lo llevará al punto de desequilibrio que lo sacará del camino. En la primera curva que aborde a toda velocidad no tendrá la capacidad de controlar su poderío. Así mismo es el hombre que no teme a Dios. Este chocará contra las consecuencias de su pecado, porque le falta el freno. Tu maldad te castigará, y tus rebeldías te condenarán; sabe, pues, y ve cuán malo y amargo es el haber dejado tú a Jehová tu Dios, y faltar mi temor en ti, dice el Señor, Jehová de los ejércitos (Jeremías 2:19).

Así mismo, el temor a Dios es el elemento de control para desplazarnos por las curvas de la vida, manejando con inteligencia y astucia. El temor de Jehová es el principio de la sabiduría, Y el conocimiento del Santísimo es la inteligencia (Proverbios 9:10). ¿Quién está dispuesto a acelerar un carro sin frenos? La confianza de saber que no vas a chocar está en los frenos. Ese freno es el temor (reverencia). En el temor de Jehová está la fuerte confianza; Y esperanza tendrán sus hijos (Proverbios 14:26). Todos tenemos la capacidad de hacer lo que queremos sin considerar a Dios. Y todos tenemos la opción de rendir nuestra vida a él. Es decir, todos tenemos un carro potente para bien o para mal. Tarde o temprano sufrirás las consecuencias. Aprende a utilizar el freno del temor a Dios. Condúcete a conciencia de la presencia de Dios en todos tus asuntos. Él siempre está observando. Cuando no sientas motivación a hacer lo correcto o cuando la tentación sea muy fuerte, recuerda que Dios te está mirando y actúa conforme a eso.

La madurez espiritual te da acceso a dichos frenos. ¿Cómo sé si estoy maduro espiritualmente? Lo estas cuando tienes dominio propio; Esto es cuando el Espíritu Santo se hace de tu control. El reto más grande de todo creyente no solamente es obedecer cuando enviar una palabra, el reto es esperar el tiempo en que la palabra será prosperada. La palabra en sí está hecha para producir frutos y es el respaldo del propósito para lo cual fue hecha. Esto no implica que sea utilizada para producir frutos en cualquier tierra. La palabra tiene que ser dirigida por el camino correcto hacia el terreno correcto. El terreno correcto es el fértil; El fruto de tus obras determinará la fertilidad de tu terreno (Jeremías 17:10). El Fruto del Espíritu produce justicia para que se multiplique el deseo de aumentar nuestros frutos. Dios quiere aumentar tu justicia (2 Corintios 9:10).

DIOS QUIERE QUE EL HOMBRE DE FRUTOS

"Todo árbol que no da buen fruto,
es cortado y echado en el fuego"
Mateo 7:19

La primera interrogante que siempre me he hecho es: ¿Para qué fui creado? En medio de todo siempre he pensado cuál sería la intención del creador para con lo creado ya que lo creado sin el creador no tiene propósito. La palabra de Dios nos muestra que Dios está buscando que los hombres puedan recoger los frutos de aquello que han sembrado. *Mateo 21:43 "Por tanto digo, que el reino de Dios será quitado de vosotros, y será dado a gente que produzca los frutos para él".* Es una declaración seria y absoluta. Podemos encontrar que la palabra fruto(s) y árbol se hace mención cientos de veces en la Biblia. Ambas palabras hacen referencia literal y simbólica a través de las escrituras según el contexto de la época y la intención del escritor. El árbol es representativo del ser humano y el fruto como la labor de sus manos y el resultado de sus obras. Jesús en una de sus parábolas nos menciona que todo árbol que no da buen fruto será cortado y echado al fuego (Lucas 3:9). Esto lleva a pensar que a Dios le importa lo que el humano decida hacer con su vida porque afecta la vida del prójimo. Dios está involucrado con la humanidad más de lo que creemos. Lo que Dios todavía le pide al hombre es lo mismo que le ha pedido desde el principio, y es que fructifique y se multiplique. Al igual como se mezcla el trigo y la cizaña él está buscando que el buen árbol de buenos frutos aún en medio de árboles que dan malos frutos. Es la grandeza y el misterio de su misericordia. Las mismas oportunidades que tienen los buenos arboles la tienen los malos árboles. Tú escoges cual fruto comer. Escoge las consecuencias de obedecer o desobedecer (Deuteronomio 28:1-68). Hay una historia en la Biblia conocida como la parábola de los talentos (Mateo 25:14-30). Dicha historia nos habla de la importancia del principio de fructificar y multiplicar como un requisito indispensable para reconocer cómo funciona el reino de los cielos.

"Porque el reino de los cielos es como un hombre que, yéndose lejos, llamó a sus siervos y les entregó sus bienes. A uno dio cinco talentos, y a otro dos, y a otro uno, a cada uno conforme a su capacidad; y luego se fue lejos. Y el que había recibido cinco talentos fue y negoció con ellos, y ganó otros cinco talentos. Asimismo, el que había recibido dos, ganó también otros dos. Pero el que había recibido uno fue y cavó en la tierra, y escondió el dinero de su señor. Después de mucho tiempo vino el señor de aquellos siervos, y arregló cuentas con ellos. Y llegando el que había recibido cinco talentos, trajo otros cinco talentos, diciendo: Señor, cinco talentos me entregaste; aquí tienes, he ganado otros cinco talentos sobre ellos. Y su señor le dijo: Bien, buen siervo y fiel; sobre poco has sido fiel, sobre mucho te pondré; entra en el gozo de tu señor. Llegando también el que había recibido dos talentos, dijo: Señor, dos talentos me entregaste; aquí tienes, he ganado otros dos talentos sobre ellos. Su señor le dijo: Bien, buen siervo y fiel; sobre poco has sido fiel, sobre mucho te pondré; entra en el gozo de tu señor. Pero llegando también el que había recibido un talento, dijo: Señor, te conocía que eres hombre duro, que siegas donde no sembraste y recoges donde no esparciste; por lo cual tuve miedo, y fui y escondí tu talento en la tierra; aquí tienes lo que es tuyo. Respondiendo su señor, le dijo: Siervo malo y negligente, sabías que siego donde no sembré, y que recojo donde no esparcí. Por tanto, debías haber dado mi dinero a los banqueros, y al venir yo, hubiera recibido lo que es mío con los intereses. Quitadle, pues, el talento, y dadlo al

que tiene diez talentos. Porque al que tiene, le será dado, y tendrá más; y al que no tiene, aun lo que tiene le será quitado. Y al siervo inútil echadle en las tinieblas de afuera; allí será el lloro y el crujir de dientes."

Esta parábola muestra que cada uno de nosotros tendrá un tiempo para ajustar cuentas con el señor. La historia nos enseña que el señor es justo. Dios no va a poner nada en tus manos que tú no puedas manejar. La única manera que tú puedes saber cuál es tu capacidad delante de Dios es observando que tienes alrededor tuyo en este momento. El Señor conoce tu capacidad. Lo que más resalta la historia es que el señor amo después de mucho *tiempo* volvió a *ajustar* cuentas con ellos. Nótese el énfasis que el escritor le da al tiempo y al ajustar cuentas. Para el Señor el tiempo es un factor importante debido a que nosotros tenemos un tiempo asignado para cumplir nuestro propósito aquí en la Tierra. Esta es el área en donde más el ser humano es atacado. Perdemos de vista el valor del tiempo enfocándonos solamente en lo material. El tiempo es como el oxígeno no lo puedes ver, pero lo puedes sentir. Dios siempre les da énfasis a las cosas que no se ven (invisible). El ser humano es material (visible), y todo lo que es material es perecedero. Lo invisible es eterno. El tiempo siempre superará lo material.

Después que el señor amo vino de muy lejos entonces llegó para ajustar cuentas con cada uno. Estos tres siervos, conociendo a su amo dan a entender que sabían lo que tenían que hacer. Fue cuestión de perspectivas. La actitud que mostraron los primeros dos siervos fue diferente a la del tercero. Al señor amo se nos describe como "hombre duro" que "siega" (cortar) donde no sembraste y recoges donde no esparciste como características que pueden infundir a unos miedos y a otros un desafío. Aunque dichas características quien las menciona es el siervo malo y negligente nos da a entender que los siervos buenos y fieles también lo conocían igual que como el tercero.

El señor amo también lo confirma con sus palabras. A pesar de tal descripción los primeros dos siervos nunca perdieron la perspectiva de quien él era para ellos. Era su amo. El señor amo los reconoció como siervos buenos y <u>fieles</u>. Una característica de una persona fiel es que es obediente en el cumplimiento de sus obligaciones y no defrauda la confianza que le fue depositada en él. Ellos de antemano entendieron que había que hacer algo con lo que se les entregó. Recuerda que tu capacidad determinará el grado de confianza que otros depositarán en ti. Mayor capacidad generará más confianza. La confianza te da acceso y te impulsa a nuevas oportunidades. De la combinación de tus talentos y oportunidades nacen los frutos. La confianza que tenía el amo en los tres siervos les permitió el acceso a los bienes del amo. Los dos siervos vieron que era la oportunidad que ellos estaban esperanto para demostrar que tenían la capacidad para hacer más. Mientras que el siervo malo y negligente no la aprovechó su señor amo lo describió como negligente e inútil. Muchas personas pasan por la vida sin aprovechar las oportunidades que Dios les ofrece. La palabra negligente se utiliza para describir a una persona que es descuidada y tiene falta de aplicación. Cuando tú eres una persona útil produces en tu vida cierto grado de interés en los demás porque eres una persona que produce frutos.

Al tercer siervo se lo describe como inútil. Lo opuesto a ser útil. Cada vez que Dios te entrega algo te da la oportunidad de que tu fructifiques y lo multipliques. La intención del señor amo no era si ellos podían administrar los talentos ya que eso él lo sabía. La verdadera intención era que cada uno de ellos pudiera ver cuánto podían hacer dentro de un plazo determinado de tiempo. Lo siervos buenos y fieles conocían la importancia del tiempo. Se nos dice que ellos duplicaron la cantidad que se les dio durante un largo periodo de tiempo. Dios sabe que para fructificar tú necesitas de una temporada para entonces traer los resultados. Los siervos buenos y fieles lo menos que lograron fue la duplicidad de lo que se les entrego. Posiblemente estos siervos pudieron haber continuado multiplicando los talentos si hubiesen tenido más tiempo. Partiendo de la premisa de la duplicidad entendemos que lo menos que podemos hacer es duplicar todos aquellos bienes que Dios ha puesto en nuestras manos.

Jesucristo fue categórico cuando mencionó que por los frutos los conoceréis (Mateo 7:16). Esta declaración encierra la clave para saber que frutos tú decides escoger. Todo árbol bueno da buen fruto, y todo árbol malo da malos frutos. Lo importante es saber que toma tiempo el que cada persona produzca sus frutos. Mencionamos que el señor nos da una temporada para que demos frutos antes de que él se siente a ajustar cuentas con nosotros. ¿Cómo tú sabes que Dios ajustó cuentas contigo? Lo sabes cuándo tus frutos se hacen notorio.

La palabra nos habla del fruto del Espíritu. Lo describe en singular, pero vemos que el mismo se manifiesta de maneras diferentes. El Espíritu Santo se manifiesta multiforme en la vida de todos los creyentes. El fruto del Espíritu es amor, gozo, paz, paciencia, benignidad, bondad, fe, mansedumbre, templanza; contra tales no hay ley (Gálatas 5:22-23). El Espíritu uno es, y es la parte de Dios encargada de conocer todo lo que hay en el corazón de Dios. A su vez es quien trae arrepentimiento a nuestras vidas. Observo personas queriendo hacer que amigos y familiares lleguen al conocimiento de Jesús a través de la manipulación u obligación. En muchos casos los entiendo debido a que los mejores que ven el juego son aquellos que están sentado en las gradas. Pero el ministerio de convencer a las personas no es el nuestro. Ese es el ministerio del Espíritu Santo (Juan 16:8). Como mencionamos en el capítulo anterior tú no tienes control de aquello en lo cual no se te ha otorgado autoridad. A nosotros se nos dio autoridad para salvar, sanar, discipular y enviar para hacer discípulos a todas las naciones. En la Biblia nunca vemos al señor obligar a nadie. Jesús conquistaba a las personas no solamente con sus milagros sino con sus palabras.

El hacía lo que decía y decía lo que él vivía. Esto generaba confianza en sus seguidores y hacía que su mensaje, aunque duro de vivirlo, fuese aceptado. Jesús influenciaba con sus enseñanzas y conquistaba los corazones de las personas que estaban dispuestas a ser transformadas. Todo esto lo logró por los frutos que él manifestaba para producir la transformación en las personas. Cuando Jesús era atacado públicamente con cierto tipo de preguntas él se conducía de una manera peculiar; Jesús contestaba ciertas preguntas con otras preguntas. Esto lo hacía en especial con los religiosos (escribas y fariseos). Es una manera poco común de llevar a cabo una conversación que, aunque ortodoxa es efectiva. Es para hacer pensar a las personas cuál es su verdadera intención de lo que estas preguntando. De esta manera ellos mismos puedan conocer la respuesta a su pregunta de acuerdo a su intención. Es una manera de aprender eficientemente.

Si la pregunta es genuina la contestación será verdadera. Así trataban de tentar públicamente a Jesús, y lo único que conseguían era que el público viera la condición sus corazones y su verdadera intención. Nunca vemos a Jesús retar la autoridad porque él nunca la retó. Siempre se sometió al sistema de justicia, aunque dicho sistema lo enjuició y lo sentenció injustamente. Cabe de destacar que la justicia no encontró nada ilegal en él en cuanto a sus acusaciones. El gobierno entendió que como era un asunto de religión eran los religiosos los que debían encargarse, aunque los religiosos necesitaban del tribunal para sentenciarlo a muerte. Una conducta totalmente opuesta a sus creencias y enseñanzas. El mundo no es quien te va a enjuiciar, son tus colegas los que pasarán juicio sobre ti. Aunque parte del enjuiciamiento es el espectáculo mediático del mundo del cual la religión necesita para poder aplicar su sentencia. Esta actitud los hace amigos del mundo pues utilizan los mismos métodos que utilizan el mundo. Los religiosos dicen estar en contra de cómo el mundo funciona, pero ocasionalmente su comportamiento es similar al del mundo. Esto es un verdadero dilema. La pregunta que le hicieron los fariseos a Jesús en el libro de Mateo 22: 15-22 en cuanto a si es necesario pagar impuestos nos muestra la capacidad psicológica de Jesús en medio de situaciones poco convencionales en las cuales mostraba su autoridad:

"Entonces se fueron los fariseos y consultaron cómo sorprenderle en alguna palabra. Y le enviaron los discípulos de ellos con los herodianos, diciendo: Maestro, sabemos que eres amante de la verdad, y que enseñas con verdad el camino de Dios, y que no te cuidas de nadie, porque no miras la apariencia de los hombres. Dinos, pues, qué te parece: ¿Es lícito dar tributo a César, o no? Pero Jesús, conociendo la malicia de ellos, les dijo: ¿Por qué me tentáis, hipócritas? Mostradme la moneda del tributo. Y ellos le presentaron un denario. Entonces les dijo: ¿De quién es esta imagen, y la inscripción? Le dijeron: De César. Y les dijo: Dad, pues, a César lo que es de César, y a Dios lo que es de Dios. Oyendo esto, se maravillaron, y dejándole, se fueron".

Tristemente observamos a creyentes siendo rebeldes ante las obligaciones que tenemos como ciudadanos dentro de una sociedad. Pero cuando observas la actitud de Jesús siempre fue contra de toda rebeldía, aunque su mensaje era cortante y transformador. Si no eres capaz de obedecer la autoridad del hombre mucho menos podrás obedecerla autoridad de Dios. Normalmente creemos que todo mensaje revolucionario es sinónimo a rebeldía y son dos conceptos diferentes. Lo revolucionario es transformador porque cambia la manera de pensar. La rebeldía es revelarse contra la autoridad; Todo lo opuesto al mensaje de Jesús. El mensaje de Jesús es revolucionario con el propósito de transformar a las personas. El mensaje revolucionario trae división con el propósito de separar las diferentes conciencias dentro de una sociedad. Separar la cizaña del trigo (malo de lo bueno) para entonces recoger el fruto. A eso es lo que Jesús se refiere cuando habla de traer división (Mateo 10: 34-42). La autoridad tiene dos vertientes. Yo le llamo a una; la autoridad delegada y la otra la autoridad conquistada. Una te lleva a la otra. La autoridad de Jesús la podemos dividir en estos dos niveles. La autoridad de Jesús, aunque delegada en un principio por el Padre aquí en la tierra tuvo que conquistarla en el peor campo de batalla. Ese campo de batalla fue el corazón de aquellos que creyeron en él. No se trata de quien la merece sino de cómo tu obtienes tu autoridad. La autoridad delegada es aquella que siempre estará bajo fuego, dicha autoridad, es cuando te es designada por el mérito de otra persona superior a ti.

Tienes que hacer uso de tus facultades y demostrar que tienes la capacidad para manejar la autoridad que se te entrega. La autoridad delegada es otorgada por alguien superior al que la recibe. El objetivo es que la persona muestre a través de los frutos que puede conquistar la autoridad que se le otorgó. El objetivo de la autoridad delegada es transformarla a una de conquista. Cuando tú fluyes en la autoridad delegada tú fructificas. Dicha autoridad tiene como propósito dominar las críticas a través de tus resultados. Pero cuando fluyes en la autoridad que has conquistado tu multiplicas por mérito propio. Toda autoridad esta correlacionada en gran manera con tus frutos. La diferencia entre la autoridad de un soldado raso y la de un general no provienen de su jerarquía, sino de las batallas que el general ha ganado para tener dicha autoridad. Los galones y los rangos son los frutos de la autoridad conquistada. Es más fácil seguir a alguien por sus frutos debido a que reflejan el carácter del individuo.

Para recibir la autoridad delegada puede que no hayas ejercido tu Fe porque alguien te la entregó porque creyó en ti. Pero para aspirar alcanzar la autoridad de conquista hay que tener Fe. Entonces la autoridad que se obtiene por medio de la conquista tiene un peso diferente a la delegada (2 Corintios 4:17). Jesucristo conquistó la muerte a través de la cruz, y nos dice la palabra que toda potestad le fue entregada a él en los cielos y en la tierra (Mateo 28: 16-20). Esto quiere decir que nos entregó dicha potestad para que nosotros también al igual que él la conquistemos conforme a nuestro propósito y a la autoridad que se nos delegó.

La mayoría de las veces venimos delante de la presencia de Dios solicitando que él intervenga en nuestros asuntos. Pero la palabra nos dice que es necesario que produzcamos frutos, para que así seamos discípulos de Jesús. A su vez nos aclara que es necesario que así sea para que Dios nos de lo que le pedimos. Todo lo que le solicitamos, incluyendo la justicia a Dios está atada a tus frutos. Si Dios les da énfasis a los frutos esto quiere decir que los frutos es una manera de tu conocer con quien tú debes asociarte (Mateo 10: 40-42). Si te relacionas con el Espíritu Santo comprenderás lo indispensable que es él en tu vida. Tu mejor carta de presentación son tus frutos. Hay dos formas diferentes de ver las cosas como cristiano. Cuando tus frutos se multiplican algunos dirán "Dios está contigo" y otros dirán que "Dios está dentro de ti". Prefiero la segunda expresión porque implica que serás la persona que todos querrán conocer para ver el Jesús que habita dentro de ti. Tan pronto esto ocurre en tu vida la tentación se presentará. La tentación siempre vendrá para atacar tu autoridad a través de tu identidad (Mateo 4:1-11, Marcos 1:12-13, Lucas 4:1-13). La tentación tomará la forma de personas que te pedirán señales (pruebas) para aprobar si tus acciones provienen de Dios. Tu mejor forma de probarles la autenticidad de tu mensaje son tus frutos. Jesús nunca cayó en dicha trampa. Nunca caigas en esa mentira del enemigo porque entonces tu voluntad estará sujeta a la manipulación de otros y no a la de Dios. No pierdas el tiempo en los que no creen porque no ven. Tú no tienes que probarle nada a nadie. Al único que tienes que probarle cualquier cosa es a ti mismo. Inclusive Dios sabe de lo que tú eres capaz, pero él quiere que tú lo sepas. El énfasis que promueve la Fe no se basa en no tener que verlo para creerlo, sino en creer lo que sucedió que tú no has visto (Juan 20:29).

Tu vida está escrita en el libro de la vida. Entonces escrito está, tienes autoridad delegada por Jesucristo.

Nos toca conquistar esa autoridad delegada. Jesús es la semilla por excelencia que fue enterrada hace más de dos mil años y todavía sigue dando frutos. Tus frutos te darán la autoridad para salvar y sanar las almas con la ayuda del Espíritu Santo. También para discipular y luego enviar a otros, así como Jesús lo hizo contigo, de esta manera las personas verán el Dios que hay dentro de ti y se harán partícipes de la gran comisión.

LAS OBRAS DE LA CARNE
Y EL FRUTO DEL ESPÍRITU

"...porque si vivís conforme a la carne, moriréis; más si por
el espíritu hacéis morir las obras de la carne, viviréis."
Romanos 8:12

Las obras de la carne son aquellos resultados como consecuencia de un nivel bajo de moral. Son reacciones en contra del orden de Dios. Se nos menciona que son la ira, pleitos, disensiones, contiendas, hechicerías, inmundicia, celos etc. (Gálatas 5:19-21). En cambio, el fruto del espíritu es un nivel alto. Son el amor gozo, paz, paciencia, benignidad, bondad, Fe, mansedumbre, templanza; contra tales cosas no hay ley (Gálatas 5:22-23). Ambas son parte de la naturaleza del ser humano. La primera está sujeta a la Ley y la segunda está sujeta a la Fe. La palabra dice que las obras de la carne y el fruto del Espíritu se oponen entre sí. Y está diseñado de esa manera para que no hagamos lo que queramos (Gálatas 5:17). Es una constante lucha pues el hombre y la mujer en su interior son espíritu, alma y cuerpo. Lo peculiar es que el alma esta entremedio del espíritu y del cuerpo. El cuerpo (la carne) se pelea nuestra alma con el Espíritu día a día. A quien tú más atención le brindes es quien se va a apoderar de ella. El alma es el botín de guerra de la lucha entre el bien y el mal (Filipenses 2:12-13). El Espíritu la anhela para vida eterna y la carne la reclama para la destrucción. La carne es egoísta y el Espíritu es altruista. La primera tiene como única perspectiva la del Ego, y la segunda vela por el bienestar de los demás.

Cuando fluimos solamente en la satisfacción de los deseos de la carne nos damos cuenta que la carne es insaciable a dichos deseos. La inconformidad de la carne atrae todo tipo de deseos y son manifestados en la conducta de ser humano. En ocasiones deseos perversos y torcidos. La mayoría de estos deseos son para satisfacer lo físico y emocional. La carne no puede distinguir entre una necesidad y un deseo, en comparación a como lo hace una persona que fluye en el Espíritu. La moral no es impedimento para saciar dichos deseos. Esto quiere decir que toda Ley está en contra de los designios de las obras de la carne (La ley es moral). La carne se cree autosuficiente y la evidencia es que ella piensa que es indispensable. El resultado de tal actitud es obtener los deseos como sea necesario. Los frutos del Espíritu toman tiempo y son eternos. Eternos por que las personas quedan marcadas de por vida. Tu alma está en constante ataque y la única manera en que los deseos de la carne puedan ser dominados es con la ayuda de Jesús y del Espíritu Santo. La carne siempre está de acuerdo con el Ego. Esto se debe a que los resultados de las obras de la carne, aunque perecederos son inmediatos. Es una lucha intensa. En gálatas 5:25 el Apóstol Pablo nos dice que si vivimos por el Espíritu andemos por el Espíritu. ¿Cómo tú puedes vivir por el Espíritu y no andar en él? La declaración de Pablo suena hasta contradictoria, aunque no lo es.

El verbo "vivimos" viene de habitar o morar en algún lugar y el "andar" viene del verbo moverse. El apóstol se refiere a no tener doble vida o ser hipócritas. Esta actitud mancha la imagen del cristiano. Pues pregonan una cosa y hacen otra. Si dices ser una cosa actúa como tal, las personas no te juzgarán por lo que tú dices sino por lo que tú haces. Son tus frutos, buenos o malos, los que hablaran de ti. El decir que eres una cosa, no prueba que lo eres. Lo que tú dices ser, se prueba y el Fruto del Espíritu lo hace con los resultados condicionados al tiempo correcto, el tiempo de Dios.

Las obras de la carne

Así como el cáncer se expande y destruye los órganos de una persona así es el chisme. La iglesia puede sufrir del cáncer de la murmuración. Que siendo implacable se expande de miembro a miembro atentando a destruir el cuerpo de Cristo. Esta nace del desacuerdo entre hermanos; provocando la ira y saca a relucir el egoísmo. El chisme exalta la lengua; siendo este último un tumor maligno orquestado por el mismo infierno. Pero, aun así, Dios puede trabajar a través de nuestro propio mal. En Hechos 15:36-41 se narra una disputa entre Pablo y Bernabé que los llevó a separarse por un tiempo. Tales desacuerdos no son la voluntad de Dios para su iglesia (Juan 17:21). Dios en su eterno poder soberano, se las arregla para trabajar a través de toda circunstancia adversa siempre teniendo en cuenta nuestra naturaleza caída. Pablo y Bernabé, a pesar de su separación, continuaron trabajando en la misión de expandir el evangelio. Aunque ambos tomaron direcciones opuestas, el evangelio continuó su curso de expansión.

Sin embargo, si queremos adelantar la obra del Señor, es necesario que nos sometamos a él en obediencia. En ocasiones esto puede significar callar y permitir que sea Dios quien revele cuál es el curso a seguir. Mientras David era perseguido por Saúl, tuvo varias oportunidades para matarlo. Pero David se abstuvo de hacerlo. Y dijo a sus hombres: Jehová me guarde de hacer tal cosa contra mi señor, el ungido de Jehová, que yo extienda mi mano contra él; porque es el ungido de Jehová (1 Samuel 24:6). David entendió que él no podía tomar en sus manos el curso de las cosas, aun sabiendo que Jehová le había ungido para sustituir a Saúl. Si no, que debía esperar que los eventos transcurrieran según el curso que Dios había dispuesto. En el tiempo de Dios él vería la justicia de manifestada. Esto implicaba sufrir persecución injustamente. Lo que nunca debe ocurrir es que las manifestaciones de nuestras frustraciones se tornen en pecado.

El actuar en egoísmo boicoteando la obra de algún creyente no es lo correcto. El objetivo del boicot no puede ser el de imponer nuestras ideas y/o deseos sobre los demás. Es necesario escudriñar el corazón meditando en la palabra y hablar con honestidad. Discutiendo las cosas directamente de frente con la persona que se tiene el desacuerdo. Nunca se debe discutir el asunto con terceros buscando aprobación o simpatizantes a nuestra opinión. Esto último nada bueno produce. Esto es murmuración y es un mal sutil que seduce a todos y causa división y enemistad entre hermanos. Muchos tienden a disfrazar su mala intención y egoísmo con apariencia de piedad, pero sus acciones contradicen tal apariencia. Pablo nos insta a evitar el juntarnos con tales personas (2 Timoteo 3:5).

Irónicamente podemos hallar muchos hermanos cristianos que practican estos pecados sin tan siquiera percatarse de su condición y el mal que causan a la obra del Señor. Así mismo, se mueven de congregación en congregación debido a las contiendas. Sin considerar el mal que les provocan a otros hermanos y al evangelio del reino. Son como el niño que frustrado con el resultado del juego dice: "me llevo el balón y se acaba el juego". El cristiano debe manifestar los frutos del espíritu y nada podrá oponerse (Gálatas 5:22-23). Es así que se obtienen los resultados que Dios busca y esta debe ser nuestra intención y meta en común.

El fruto del Espíritu

Todo aquel que produzca los frutos de él le será dado el reino de Dios (Mateo 21:43). Una palabra que siempre ha estado de moda dentro de las iglesias es la palabra "carácter". Mayormente las personas la asocian con alguna característica en la personalidad de una persona, tales como seriedad, rudeza o a alguien que no socializa con todos. No hay percepción que se aleje del verdadero significado como lo antes mencionado. Según la definición en el libro La Escuela del

Carácter - Robert Gómez nos dice que el carácter es la suma de todas las partes de un individuo. Es la definición más simple y exacta. Tú eres lo que tú has vivido, para bien o para mal. Tu nueva identidad en Cristo es el carácter que Dios quiere moldear en tu personalidad a pesar de lo vivido.

La película animada Turbo de Dreamworks, trata de un caracol que adquiere un poder mágico que le permite correr a gran velocidad. Su sueño fue el correr en las 500 millas de Indianápolis. Cuando Turbo comenzó la carrera en las 500 millas de Indianápolis fue desplazado por los potentes carros que competían. Pero en el momento que fue a los "pits" (Pit_Stop o parada en Boxes) cambió todo el curso de la carrera. Y es que uno de sus amigos caracoles le confrontó diciendo: "¿Eres tú un carro? ¡Entonces deja de correr como un carro!" Y cuando Turbo volvió a la carrera comenzó a fluir en la libertad de su identidad especial haciendo una serie de despliegues de movimientos por debajo y en medio de los otros carros de carrera que lo colocaron rápidamente en la primera posición. De ese mismo modo, al igual que Turbo, muchos de los cristianos intentan correr la carrera de la vida fuera de su identidad en Cristo Jesús. Nunca logrando los resultados que Dios quiere para ellos. La palabra establece que los propósitos de Dios son ejecutados a través del poder del Espíritu Santo y no por fuerza propia. Pero irónicamente muchos cristianos y aún líderes y pastores se ven arrastrados a tratar de lograr resultados a través de estrategias seculares que supuestamente garantizan mayor probabilidad de éxito según el sentido común. Pero Dios NO nos llama a operar según el sentido común, sino más bien en la locura del espíritu (1 Corintios 2:14). Pero el hombre natural no percibe las cosas que son del Espíritu de Dios. Porque para él son locura y no las puede entender pues se han de discernir espiritualmente. Es por esto, que también es necesario que en ocasiones Dios mismo frustre nuestros planes. Siendo que en nuestra impotencia para alcanzarlos entonces roguemos a Dios por su auxilio. Afirmando la palabra que dice "mi poder se perfecciona en tu debilidad". Dejemos de copiar las estrategias y los formatos del mundo.

Que tu alma se enfoque en el confiable poder del Espíritu Santo. Y verás que al igual que Turbo vas a comenzar a fluir en un dinamismo fuera de este mundo. Dios establece que si andamos con él (si nos enfocamos en cultivar nuestra relación con el) nuestro camino será prosperado. *"Nunca se apartará de tu boca este libro de la ley, sino que de día y de noche meditarás en él, para que guardes y hagas conforme a todo lo que en él está escrito; porque entonces harás prosperar tu camino, y todo te saldrá bien"* (Josué 1:8). Entonces, es necesario actuar conforme a lo que Dios establece actuando en Fe. Porque sin Fe es imposible agradar a Dios y el Señor advierte "Fuera de mí, nada puedes hacer".

El dilema

"Porque lo que hago, no lo entiendo; pues no hago lo que
quiero, sino lo que aborrezco, eso hago. "
Romanos 7:15

¿Cómo un Dios bueno puede permitir que pasen todas estas
cosas y no hacer nada? Una de las cosas que me hacía difícil
de entender era que culpa tenía yo de que Adán y Eva le fallasen a
Dios. No era justo que por causa de su desobediencia yo esté pagando
las consecuencias de sus actos. Parecería un poco injusto debido a
que yo no estuve en el Edén y mucho menos yo fui la causa de su desobediencia.
Sabemos que fueron engañados por la serpiente. ¿Cuál
fue el propósito de la serpiente para hacerlos pecar? El propósito era
que desobedecieran una orden directa de Dios. A través de la desobediencia
la serpiente quiso demostrarle a Dios que lo que él hizo en
los cielos era algo legítimo, el buscar su propia gloria. De esta manera
quiso demostrar que también el hombre busca su propia gloria y él se
presenta como el medio para tales fines (Mateo 16:23).

La serpiente le ofreció a Eva la oportunidad de ser igual a Dios
(conocerlo todo). Plantó en la mente de Eva la cizaña de que ella
ignoraba algo que Dios sabia. O sea, la idea de que Dios y la serpiente
sabían algo que ella aún no sabía. Hagamos la aclaración que la
serpiente no es Omnipotente, Omnisciente y Omnipresente (es una
creación). La serpiente le hizo pensar a Eva que obedeciéndole obtendría
algo mejor a lo que ella conocía. Recuerda que siempre debes
de obedecer a la autoridad que esta sobre ti y no a quien no tienen
autoridad. Eva reconocía la autoridad de Dios que estaba por encima
de la serpiente. Aun así, decidió obedecer a la serpiente. A veces es

más difícil obedecer a quien tiene autoridad. Hubiese sido más fácil desobedecer a la serpiente debido a que no tenía ninguna autoridad hasta ese momento. La serpiente lo que estaba buscando era que le otorgaran dicha autoridad sobre la creación de la Tierra. Para luego conquistarla a través del imperio de la muerte (Hebreos 2:14-15). Y lo logró por un momento a causa de la desobediencia de Adán y Eva. Naturalmente no nos gusta que nadie este sobre nosotros. Lo triste es que cuando desobedeces una orden proveniente de una autoridad superior tu automáticamente cedes tu autoridad. El principio de toda autoridad es la obediencia. Sin obediencia no hay autoridad. Por eso Adán y Eva perdieron su autoridad.

A veces desobedecemos porque queremos conocer cuál es la causa por la cual tenemos que obedecer. Pero en su bondad Dios le había mencionado cual sería la causa de la desobediencia y aun así desobedecieron (Génesis 2:17).

La serpiente le hizo creer que comiendo del fruto prohibido podría conocer lo que Dios todavía no le había enseñado. Si hay algo que todavía tu no conoces es porque todavía no es el momento preciso para conocerlo. Queremos conocer todo, pero todas las revelaciones de Dios tienen un tiempo asignado (Jeremías 33.3). El hombre decidió conocer más de Dios por medio de la desobediencia. Tu puedes conocer el amor por obediencia y el juicio de Dios por tu desobediencia. Ellos decidieron comer del fruto de la ciencia del bien y del mal con el propósito de ser como el altísimo. De ésta manera conocieron el Dios de juicio. No se habían dado cuenta que Dios es reflejo de ellos. No lograron identificar cuál era su identidad.

Lucifer sabe que nadie puede ser igual a Dios (Mateo 10:24). El libro del profeta Isaías (Isaías 14:13-14) nos muestra que el objetivo principal de él era establecer su trono al lado del trono de Dios para ser enaltecido y así ser semejante a él (no igual). Esto implica que Lucifer buscaba su propia gloria por su propio esfuerzo. Su búsqueda de gloria se basaba en proyectar lo que él no es y por consiguiente lo que no tiene. Su rebelión no solamente se limitó a los cielos sino también se extendió aquí en la tierra. Lucifer utiliza la caída del hombre para establecer que nadie obedecerá a nadie por amor, sino es por conveniencia. El primero que logró amar a Dios por lo que él es y no por conveniencia hasta la muerte fue Jesucristo (Filipenses 2:5-8). Dicho acto confirma el amor que tiene Dios por su creación (Juan 3:16). Hoy día ese amor incondicional continúa manifestándose aquí en la Tierra a través de los mártires cristianos. Lo grandioso de Dios fue que Lucifer buscaba ya Dios nos lo entregó a nosotros (Efesios 2:6). Solo algunos entregan su vida por la Fe al amor de Dios. La imagen de Dios es el reflejo del hombre. La semejanza que el hombre tiene es el carácter de Dios. Por eso la serpiente planto la semilla de la cizaña para cosechar dichos frutos. De esta manera podría reclamar los frutos del hombre como obras suyas para apoyar su caso delante de Dios. Lo que implica que la gloria del poder de Dios debe ser compartida. Dios sí comparte su gloria, pero no para vanagloria. Lo hace con el *propósito* de ser uno con él (Juan 17:22). Esto fue a lo que la serpiente renuncio. Renunció a tener esa unidad con Dios. Lucifer buscó su propia gloria arrastrando a otros a que otros fuesen uno con él (Apocalipsis 12:3-4).

Todavía hay personas que continúan culpando a Dios por todo lo sucedido en el Edén. No culpan al hombre porque entienden que si Dios no quería que comiesen del árbol prohibido entonces porque lo plantó allí. Utilizan el sistema del mundo como medio psicológico para calmar sus mentes con la finalidad de responsabilizar a Dios por lo que les ha tocado vivir. Está claro que en algún momento iban a comer de dicho fruto. Así debía de ser para que Dios pudiese hacer el despliegue de su misericordia, su amor, su bondad, su justicia y la Fe. Si no hubiesen desobedecido no hubiésemos conocido realmente quien es Dios y su verdadero amor por la humanidad a través de Jesucristo. Lo cierto es que el objetivo principal nunca fue violentarle el derecho a decidir. Sino que Adán y Eva manifestasen su amor por Dios a través de la obediencia decidiendo no comer del árbol prohibido. El amor no puede ser obligado el amor es una elección. Es conocer quien es Dios tu creador para entonces hacer lo que no debo hacer por amor a la relación entre él y nosotros. El libre albedrio no necesariamente es el derecho de hacer lo que yo quiero. Según el diccionario de la Real Academia Española el significado de la palabra libre albedrio es: la *voluntad no gobernada por la razón*, sino por el apetito, antojo o capricho.

La obediencia apela a la razón. La desobediencia en el Jardín del Edén fue producto de la falta de raciocinio. Dios no tiene problemas con el hombre sino con su religión. La ira de Dios fue descargada en la cruz del calvario. La religión dice que Dios está molesto contigo y te hace sentir culpable, pero toda transformación se basa en el arrepentimiento y no en el remordimiento.

La religión condena y distancia al hombre de Dios. Es utilizada como barrera en vez de puente. Los religiosos en ocasiones traen confusión y proyectan contradicción de la palabra. Utilizan fuera de contexto escrituras como 1 Juan 2:15 en la cual nos insta a no amar al mundo pues el que ame al mundo el amor del Padre no está en él y a su vez proclaman Juan 3:16. Por el contrario, el Apóstol Juan dice: ***"Porque de tal manera amo Dios al mundo, que ha dado a su hijo unigénito, para que todo aquel que en él crea, no se pierda, más tenga vida eterna" (Juan 3:16).*** Esta escritura nos muestra el gran afecto que fue manifestado, el mayor de los frutos: El Amor. Verdaderamente quien puede amar al mundo es Dios por ser el único con la capacidad de ejecutar todo lo que dice 1 Corintios 12 (preeminencia del amor). La palabra preeminencia significa que es un privilegio, exención, ventaja o preferencia que goza alguien respecto de otra persona por razón o merito especial. Por lo tanto, se nos habla de Dios.

El mundo no son las personas. El mundo es un sistema corrupto y perverso que gobierna las conciencias de las personas (Efesios 6:12). Dios es Amor. No hablo de aprobación sino de aceptación. Tenemos que amar y aceptar las personas como son, especialmente las que están atrapadas en el sistema del mundo. La escritura dice *"todo aquel"* Está hablando singularmente de aquella persona que quiere conocerle para creer en él. Entonces nos deja saber que NO está hablando del sistema del mundo.

Otra escritura sacada de contexto usada por los religiosos es que los cristianos no debemos de tener amistad con el mundo. El apóstol Santiago nos menciona en su epístola: *"...cualquiera, pues, que quiera ser amigo del mundo, se constituye enemigo de Dios" (Santiago 4:4).* Esta declaración que hace el apóstol menciona que es hacia la *amistad* con el sistema del mundo y no del *amor* hacia las personas que viven en el mundo. El contexto del libro de Santiago nos habla del deterioro social y económico de ese tiempo que a su vez se reflejaba dentro de la iglesia. Los religiosos no movían un solo dedo para poner en práctica lo que predicaban. Pero la iglesia era un sistema de control de masas que se aprovechaba de la Fe de un pueblo. De esta manera el sistema del mundo necesitaba a los religiosos como instrumentos para mantener el orden, y a su vez los religiosos necesitaban del mundo para subsistir dentro del orden social.

Así agradaban al mundo y obtenían su aceptación sin importarle si sus métodos eran aprobados. Por consiguiente, no daban buen fruto. Esto lo observamos con el arresto de Jesús confabulado por medio del engaño, y su sentencia de muerte ratificada por los religiosos. La amistad que surgió entre Herodes y Pilato por el caso de Jesús es testimonio de lo ratificado. Todos se hicieron amigos. No obstante, podemos mostrar el amor de Dios sin tener la amistad y aceptación del mundo (3 Juan 1:7). El hecho de amar a las personas es el mejor testimonio de que somos hijos de Dios y marcamos la diferencia (1 Juan 4:7). De acuerdo a las diferentes religiones y/o denominaciones cristianas sus filosofías se basan en excluir todo aquello que no está alineado a sus doctrinas y dogmas. Piensan que éstas son el camino a Dios. Igualmente pasaba en los tiempos de Jesús. ¿Cómo puedo amar a alguien que está en contra mía?

La contestación es el amor, y la clave, la oración. Lo que observo en Jesucristo es que él vino a reunir todas las cosas a través de un estilo de vida en cual enfatiza la relación que cada uno debemos de tener con Dios como el enfoque principal. Una vida con un bien en común (*la oración y regla de oro*; Mateo 7, Lucas 6, Lucas 11:9-13; 6:31). Intrínsecamente a lo que todo ser humano aspira. La fuerza de la oración es el amor y no el odio. Esa era la principal razón de porque los religiosos se oponían a Jesús. Jesús se autodenominaba como el mesías y como la vía capaz de alcanzar dicha meta, él era Dios (Juan 14:6). La desigualdad económica es el eje principal del deterioro del sistema social en todas las épocas. En el mundo unos se enriquecen a cuesta del empobrecimiento de otros. La vida es y siempre será injusta. La iglesia no está exenta de dichos problemas. En el tiempo en que Jesús vivió la iglesia no estaba dando buenos frutos. Los judíos tenían ideas exageradas y sacadas fuera de contexto en cuanto a las escrituras para justificar la condición social de los individuos. El sistema tradicional judío de la época estaba en decadencia debido a que ellos creían que tu condición social era el reflejo de tu relación con Dios. Si eras pobre o padecías de algún impedimento físico es que estabas en pecado, y Dios te estaba castigando. Si tu condición social es que eras una persona pudiente tu riqueza era la retribución que reflejaba tu relación con Dios; y como resultado estabas siendo bendecido. Esto redundaba en tratos preferenciales hacia las clases sociales adineradas y se ignoraba a la clase pobre. Lo cual Jesucristo través de los evangelios señaló que dicha percepción estaba errónea. A esto es a lo que Santiago se refiere cuando menciona que no nos hagamos amigos del mundo. Que no nos relacionemos con aquellos que promueven tales prácticas de exclusión por condición social y no aprobemos su manera de cómo deben de ser las cosas. Así es como funciona el mundo. Esta mentalidad de prejuicio es la que nos mantiene estéril y no podamos dar buenos frutos, sino que continuemos cosechando malos frutos.

Siempre tendremos a personas con condiciones de salud y necesidades especiales. Entiendo a las personas que piensan y se preguntan porque les pasan todas estas cosas. Lo he vivido en carne propia. Pero la pregunta no es ¿Por qué? La pregunta es ¿Para qué? Recuerdo una conversación con un amigo relacionado a todos los milagros registrados en el nuevo testamento. Jesús los hacía con un propósito. El propósito era salvar, sanar, liberar, enseñar y bendecir a otros. Entonces las necesidades y los problemas únicamente no son tragedias sino oportunidades para crecer. Jesús mientras llevaba a cabo su propósito aquí en la tierra mientras unos lo criticaban otros lo celebraban, eso es un dilema. Los teólogos de la época debatían si lo que Jesús estaba haciendo era bueno o malo porque violaba alguna doctrina. Todavía al día de hoy se sigue debatiendo. Pero éste grupo de religiosos nunca los vemos empáticos o interesados en las personas, más allá que hayan querido ser utilizadas como evidencia en contra de Jesús. Lo cierto fue que la evidencia en contra de Jesús nunca testificó. A continuación, veremos la sanidad de un ciego de nacimiento por parte de Jesús, y es un vivo ejemplo de lo que es NO interesarse en el prójimo (Juan 9:1-41).

"Al pasar Jesús, vio a un hombre ciego de nacimiento. Y le preguntaron sus discípulos, diciendo: Rabí, ¿quién pecó, éste o sus padres, para que haya nacido ciego? Respondió Jesús: No es que pecó éste, ni sus padres, sino para que las obras de Dios se manifiesten en él. Me es necesario hacer las obras del que me envió, entre tanto que el día dura; la noche viene, cuando nadie puede trabajar. Entre tanto que estoy en el mundo, luz soy del mundo. Dicho esto,

escupió en tierra, e hizo lodo con la saliva, y untó con el lodo los ojos del ciego, y le dijo: Ve a lavarte en el estanque de Siloé (que traducido es, Enviado). Fue entonces, y se lavó, y regresó viendo. Entonces los vecinos, y los que antes le habían visto que era ciego, decían: ¿No es éste el que se sentaba y mendigaba? Unos decían: Él es; y otros: A él se parece. Él decía: Yo soy. Y le dijeron: ¿Cómo te fueron abiertos los ojos? Respondió él y dijo: Aquel hombre que se llama Jesús hizo lodo, me untó los ojos, y me dijo: Ve al Siloé, y lávate; y fui, y me lavé, y recibí la vista. Entonces le dijeron: ¿Dónde está él? Él dijo: No sé. Llevaron ante los fariseos al que había sido ciego. Y era día de reposo cuando Jesús había hecho el lodo, y le había abierto los ojos. Volvieron, pues, a preguntarle también los fariseos cómo había recibido la vista. Él les dijo: Me puso lodo sobre los ojos, y me lavé, y veo. Entonces algunos de los fariseos decían: Ese hombre no procede de Dios, porque no guarda el día de reposo. Otros decían: ¿Cómo puede un hombre pecador hacer estas señales? Y había disensión entre ellos. Entonces volvieron a decirle al ciego: ¿Qué dices tú del que te abrió los ojos? Y él dijo: Que es profeta. Pero los judíos no creían que él había sido ciego, y que había recibido la vista, hasta que llamaron a los padres del que había recibido la vista, y les preguntaron, diciendo: ¿Es éste vuestro hijo, el que vosotros decís que nació ciego? ¿Cómo, pues, ve ahora? Sus padres respondieron y les dijeron: Sabemos que éste es nuestro hijo, y que nació ciego; pero cómo vea ahora, no lo sabemos; o quién le haya abierto los ojos, nosotros tampoco lo sabemos; edad tiene, preguntadle a él; él hablará por sí mismo. Esto dijeron sus padres, porque tenían miedo de los judíos, por cuanto los judíos ya habían acordado que, si alguno confesase que Jesús era el Mesías, fuera expulsado de la sinagoga. Por eso dijeron sus padres: Edad tiene, preguntadle a él. Entonces volvieron a llamar al hombre que había sido ciego, y le dijeron: Da gloria a Dios; nosotros sabemos que ese hombre es pecador. Entonces él respondió y dijo: Si es pecador, no lo sé; una cosa sé, que habiendo yo sido ciego, ahora veo. Le volvieron a decir: ¿Qué te hizo? ¿Cómo te abrió los ojos? Él les respondió: Ya os lo he dicho, y no habéis querido oír; ¿por qué lo queréis oír otra vez? ¿Queréis también vosotros haceros sus discípulos? Y le injuriaron, y dijeron: Tú eres su discípulo; pero nosotros, discípulos de Moisés somos. Nosotros sabemos que Dios ha hablado a Moisés; pero respecto a ése, no sabemos de dónde sea. Respondió el hombre, y les dijo: Pues esto es lo maravilloso, que vosotros no sepáis de dónde sea, y a mí me abrió los ojos. Y sabemos que Dios no oye a los pecadores; pero si alguno es temeroso de Dios, y hace su voluntad, a ése oye. Desde el principio no se ha oído decir que alguno abriese los ojos a uno que nació ciego. Si éste no viniera de Dios, nada podría hacer. Respondieron y le dijeron: Tú naciste del todo en pecado, ¿y nos enseñas a nosotros? Y le expulsaron. Oyó Jesús que le habían expulsado; y hallándole, le dijo: ¿Crees tú en el Hijo de Dios? Respondió él y dijo: ¿Quién es, señor, para que crea en él? Le dijo Jesús: Pues le has visto, y el que habla contigo, él es. Y él dijo: Creo, Señor; y le adoró. Dijo Jesús: Para juicio he venido yo a este mundo; para que los que no ven, vean, y los que ven, sean cegados. Entonces algunos de los fariseos que estaban con él, al oír esto, le dijeron: ¿Acaso nosotros somos también ciegos? Jesús les respondió: Si fuerais ciegos, no tendríais pecado; mas ahora, porque decís: Vemos, vuestro pecado permanece".

Es una situación incómoda pues los "hombres de Dios" no pueden ver el milagro que su Dios acababa de hacer. Estaban más interesados en conocer el árbol que el fruto del árbol. Lo cual la única manera de tu conocer el árbol es conociendo sus frutos. Totalmente una ceguera espiritual. Actualmente sucede lo mismo con hombres y mujeres que fluyen en el amor y poder de Dios a través de la piedad. Pero el pensamiento religioso niega su eficacia (2 Timoteo 3:1-5). En ocasiones son injuriados por glorificar el nombre de Dios de formas poco convencionales. Lo mismo que le sucedía a Jesús. Lamentablemente hay discípulos que piensan de manera religiosa. La manera religiosa de ver las cosas es cuando NO ves a las personas según como Dios la ve. Jesús lo veía todo como una oportunidad para que las obras de Dios fuesen manifiestas. Para que así creyesen en él como el enviado de Dios que tanto esperaban. Todos los cristianos debemos de ver las cosas en piedad y con amor. Situaciones como la condición social, física o psicología de una persona no debemos de verlas como una forma de castigo sino como oportunidades para glorificar el nombre de Dios (Juan 9:3). En ningún momento vemos piedad en los religiosos a causa de la sanidad del ciego de nacimiento. Se enfocaron más en la tradición que en el Dios de la tradición.

La tradición produce ceguera espiritual. Lo verosímil de la historia es que parece que los teólogos eran los ciegos y el ciego era el teólogo por la forma como respondió. Pero su palabra nos dice que sus caminos y pensamientos son más altos que los nuestros (Isaías 55:8-9). No pierdas el tiempo tratando de entender los pensamientos de Dios. Algo que le encanta al teólogo es debatir sobre lo que Dios hizo y lo que se espera que haga. Olvidándose de la pregunta más importante. ¿Qué es lo que él quiere para haber hecho todo lo que hizo? La respuesta es que Dios siempre ha estado buscando relacionarse con la humanidad. Quiere hacernos saber que por medio de Jesucristo tenemos acceso a él y a sus promesas siendo éstas el galardón de nuestra obediencia. Ser cristiano no es solamente una forma de pensar, sino una forma de vivir y de actuar.

Por eso Jesús fue categórico al decir que nadie llega al Padre si no es a través de él (Juan 14:6). Accionemos el verbo que hay en nuestro interior y manifestemos al mundo como él vivió, amó, ayudó, respondió, enseñó, sanó, libertó y salvó. Jesús es el verbo. La idea teológica que podamos tener de él no cambia quien es él (Hebreos 13:8). El sigue siendo Dios. En ninguna manera quiero decir que estoy en desacuerdo con la Teología, creo que es necesaria para comprender como es que Dios ha tenido que trabajar con la humanidad de acuerdo al paradigma de cada época. Pero Dios está buscando *adoradores que le adoren en espíritu y verdad* (Juan 4:23). Esta declaración la hace el mismo Jesús. La palabra adoración es una expresión de amar en *extremo*. Entonces Dios desea que le amemos en extremo. Él nos amó en extremo. La palabra espíritu expresa ese carácter íntimo dotado de razón, esfuerzo y valentía el cual todos debemos aspirar. La palabra "verdad" es uno de los atributos de Jesús en donde establece que Él es el único camino hacia el Padre (Juan 14:6). Su palabra es verdad. Dios busca que le amemos como su hijo le amó a él (Juan 4:23). Esa fue una de las ultimas oraciones que Jesús hizo por los apóstoles y por todos los creyentes (Juan 17:11-22). Cuando tú alcanzas ese nivel de adoración te das cuenta que tu justicia no proviene de la Ley sino de la Fe en Jesucristo quien nos justificó (Gálatas 3:20-22). Después de todo si Dios no me quisiese en el planeta Tierra entonces perdió el tiempo trayéndome aquí. La realidad es que hay un trabajo que hacer.

Las personas en el mundo están como ovejas dispersas sin un pastor que las guíen. El mundo necesita de Jesucristo que es conocido como el buen pastor. Tenemos que anunciarles a las personas el evangelio del reino para que entiendan que tienen acceso a la vida eterna. Dicha vida comienza aquí en la tierra. Presentando en todo momento la persona de Jesucristo que es el mejor mensaje que podemos entregar. No se trata que Dios sea un Dios de juicio y a su vez un Dios de amor. La verdad es que él es ambos. Si no fuese un Dios de amor entonces no existiese la justicia. Si no fuese un Dios de justicia entonces no existiese el juicio. Tenemos que aprender y entender que somos humanos. Perfecto es el creador del hombre; Dios. La intención de Dios es perfeccionarnos a pesar de nuestra lucha (carne y el espíritu). El apóstol Pablo lo expresa muy bien en el libro de Romanos 7. Este aparente dilema entre la naturaleza espiritual y carnal del hombre hace que algunos creyentes ocasionalmente vivan resignados. Pero ese es el diseño de la naturaleza del hombre.

Pablo lo resuelve de manera magistral a través de la analogía del matrimonio. Cuando por ley una pareja contrae matrimonio cada uno está sujeto al otro. Pero si uno de ellos muere hace libre al que aún vive para poder volverse a casar con otro. De esta manera cuando morimos a la Ley podemos unirnos con Cristo a fin de llevar fruto para Dios. Fíjate que el fin de morir a la Ley es *llevar fruto*. El fruto son las arras de esa nueva relación con Cristo. Las personas tienden a confundir el amor con la disciplina. La forma de pensar del sistema del mundo te dice; que, si tú amas algo o a alguien como prueba de tal amor tienes que aprobar todo lo que el amado quiere. El verdadero amor no depende de la aprobación. ¿Puedes imaginar un mundo en donde tu aprobación sea la señal de tu amor hacia los demás? Sería un mundo descontrolado y de excesos, ese es el mundo donde vivimos hoy; Donde reina la distorsión y el desorden a causa de tanta aprobación. En el contexto contemporáneo la palabra aprobación la utilizan como argumento e instrumento con el cual se pretende patentizar el desorden a través de la diversidad. El fin, un mundo donde todos quieren hacer lo que le da la gana. Sería un mundo amorfo y confuso. Hijo e hija de Dios; eso es el Caos. Queremos legalizar el caos con tanta aprobación. La verdadera prueba del amor es la disciplina (Hebreos 12:6). Piense en la relación entre usted y sus hijos: Como padres aceptamos a nuestros hijos por lo que son. Pero por lo que son hay conductas que no aprobamos.

El desacuerdo del hombre con Dios

A veces las personas me han comentado que si no me he dado cuenta que siempre le tenemos un reclamo o una pelea a Dios por todo lo que sucede a nuestro alrededor. Porque Dios permite aquello y no permite lo otro etc. A lo cual siempre les contesto que esa es nuestra naturaleza. Somos rebeldes hacia las cosas de Dios, hacia el orden. Lo interesante es que a Dios le gusta que tú lo provoques. No hablo de pedirles señales místicas para comprobar que es una entidad divina la que te está hablando; hablo de que le gusta que te relaciones con él por medio de su palabra y la oración. De esa forma es que él puede revelársete y dejarte saber su voluntad para tu vida. Él quiere lo mejor para ti. Quiero compartir parte de mi historia en cuanto a mis primeros días de ser cristiano. En ese tiempo tenía tantas preguntas y casi nada de respuestas al punto que me sentía abrumado. Se me hacía difícil poder continuar una vida de Fe sin saber en qué era en lo que me estaba involucrando.

Una de las primeras cosas que hice fue invitar a pelear al Señor por ver tanta injusticia en mi vida y en el mundo. Entre en un cuadrilátero espiritual, que cuando sonó la campana el primero en lanzar el primer golpe fui yo. Entre de forma ruda y sin modales. Al pegar golpe tras golpe me daba cuenta que mi adversario estaba más preparado que yo. Cada vez que comenzaba un round me daba cuenta que tenía que estar mejor preparado. No podía subir nuevamente al cuadrilátero sin una estrategia. Los boxeadores profesionales antes de cada combate se dedican a estudiar su próximo rival. Esto a su vez hizo que para poder conocer con quien yo me estaba enfrentando tenía que escudriñar más su palabra. Era el único recurso disponible que tenía para estudiarlo. Buscaba cualquier debilidad de mi oponente para tratar de tomar ventaja para con un contragolpe o con cualquier contradicción yo pudiese tomar ventaja. Al fin de cuentas me di cuenta que mi adversario no era un contrincante cualquiera. Es un guerrero que lleva más de dos mil años invicto. Si algo quiero compartir, es que siempre he sido un hombre de guerra, es bien difícil que me rinda. Es una cualidad que es del agrado de aquellos a los que le gustan los retos.

En el libro EL CAMINO DEL GUERRERO – Erwin Mc Manus dice "Un buen guerrero busca una buena batalla". Un peleador no evita un buen combate, pues es en la lucha que él puede hacer uso de sus capacidades al máximo. En conclusión, de la historia, fue que tratando de buscar alguna contradicción o brecha dentro de su palabra pude darme cuenta que su palabra es una. Muchos libros una misma palabra: Amor. Hasta el momento no he podido encontrar contradicción alguna en su palabra. Cuando aparentemente da la impresión de que la encontré me doy cuenta que es mi naturaleza carnal que siempre busca contienda. Ahora no contiendo, simplemente busco, llamo y luego pido (Lucas 11:10). El hombre siempre ha querido tener dominio sobre todas las cosas.

No se sienta incomodo debido a que esa fue la instrucción de Dios al comienzo de la historia antes de la caída del hombre. Esa palabra todavía retumba en el interior. Él quiere que domines (Salmos 82:6, Juan 10:34). No todo lo sé y mucho menos tengo las respuestas a todas mis interrogantes y mucho menos creo que Dios esté ocultándome algo. Simplemente sino sé algo que quiero conocer es porque todavía no es el momento de conocerlo. Las razones solamente Dios las conoce. Que todavía hay cosas que no entiendo, es verdad, pero de algo si estoy seguro, y es que voy en la dirección correcta. Él me ha prometido hacerme entender y enseñarme el camino que debo andar (Salmos 32:8). Puedo observar que a Dios le gusta ganar más por decisión que por knock out. Es porque a través de esta vía tú reconoces su grandeza y verdaderamente quien es él. Es tu decisión. Dios es Amor.

Lo que gané en dicha batalla fue que adentrándome en su palabra comencé a conocer quién es él y pude notar que mi estilo de combate había cambiado. Dios había transformado mi viejo estilo de carácter a uno nuevo. El estilo de Jesucristo. Lo más importante que aprendí no fue saber que no pude ganarle a Dios sino el ver mi reacción ante mi derrota. Por primera vez en mi vida una derrota provoco Paz en medio de tantos problemas. Teniéndolo en tu contra o a tu favor siempre ganarás. Con Dios tú siempre ganas. Ama la disciplina como la disciplina del que te ama. No te salgas de la voluntad de Dios. Como mencionamos anteriormente todo en ésta vida tiene un precio. Erradica de tu mente que las cosas deberían ser gratis, eso es un pensamiento de pobreza. Si crees que nada te va a costar en la vida ya eres el ser más pobre de esta vida.

La comida, la ropa, la casa, el carro, los estudios y podríamos mencionar un sinnúmero de muchas otras cosas y verás que todo tiene un precio. Inclusive nuestra salvación tuvo un precio. El salirte de la voluntad del señor también tiene un precio. Hay personas creyendo estar viviendo en una santidad debido a que tienen puesta su confianza en sus propias fuerzas. Piensan limitadamente. Dichas personas a veces reciben alguna instrucción departe de Dios y la misma no la llevan a cabo porque no se ajusta a su idiosincrasia. Piensan que su santidad los separa de los demás. Sin saber que por desobedecer ya pecaron. Entonces viven vidas vacías tratándolas de llenar con cualquier tipo de estratagema para no sentirse culpable. Realmente viven vidas en desobediencia. El vivo ejemplo es la historia del joven rico que quería tener la vida que Jesucristo tuvo (Mateo 19:16). Pero no hay mayor pecado que sea el desobedecer una orden de Dios. A través de Jesús podemos someter nuestra voluntad gracias al poder que operó en Cristo, y que ahora también opera en nosotros. Cuando tengas la certeza que Dios te ha hecho una invitación para hacer su voluntad en algún asunto de tu vida acéptala por difícil que se vea, porque el resultado final será de bendición. Esto fue lo que le sucedió al Apóstol Pedro cuando el Señor le pidió la barca prestada para poder predicar el evangelio del reino. Luego vemos a Jesús llenándoles las barcas de peces (Lucas 5:1-12). En ocasiones nos lamentamos pensando que Dios nos ha decepcionado por que las cosas no salieron como hubiésemos querido. El lamento público es tiempo perdido. El señor promete que cuando tú ores a tu Padre que está en lo secreto; él que te ve en lo secreto te recompensará públicamente (Mateo 6:6). Dios sabe cuáles son tus necesidades antes de tu presentárselas. Y su intención es suplírtelas.

La historia del profeta Elías nos enseña este mismo principio. Elías se lamentaba públicamente sobre el pecado de la nación. Estaba molesto por que el pueblo de Dios se había desviado de su palabra por la idolatría. Elías les reclamaba a todos por dicho pecado. Entonces recibió mandato de Dios y le respondió públicamente con grandes señales (1Reyes 18:20-40). Toda esta situación fue el resultado de una sequía que el mismo había provocado con una predicción. Aunque después oró para que cayese lluvia (1 Reyes 17:1). Elías en su altar de oración derramó agua como parte de la ofrenda presentada a Dios, pero lo interesante es que el agua era lo que escaseaba en ese momento (1 Reyes 18:41-46). Dios siempre te pide que le des de lo que tú careces. Oró una vez para que no lloviese y tuvo que orar siete veces para que lloviera. Esta historia ilustra lo difícil que es para algunos creyentes entender por qué para juicio se ora una sola vez y para revertir dicha oración tengas que hacerlo siete veces. La lluvia era necesaria para las cosechas (frutos). Para emitir juicio no hay que hacer mucho esfuerzo, pero para amar, aunque no te amen hay que esforzarse aún más. Ten cuidado con la justicia que buscas. Cuando tú oras por juicio (lo que el hombre busca) sea por pecado o por agravio tus pones en línea tu corazón con tu mente y así puedes detonar las palabras correctas o incorrectas. Ciertamente el hombre le pone más énfasis al juicio que a los buenos frutos. La clave es la Fe.

La diferencia la hace el esfuerzo, se requiere poco esfuerzo para el juicio y un gran esfuerzo para amar y fructificar. El hombre con conciencia natural que omite los asuntos espirituales en su vida nunca alcanzan la felicidad. Lo feliz lo viven aquellos que están ajenos a lo que le sucede con el prójimo (Eclesiastés 4:3).

La felicidad según el hombre natural la determinan las circunstancias externas, entiéndase el lugar, recursos, personas y ambiente. El hombre natural está en desacuerdo en que se tenga que sufrir o padecer en esta vida. Para ellos el sufrimiento es lo opuesto a la felicidad. Todo padecimiento lo ven como un obstáculo que le impide alcanzar la felicidad. Pero hay un estado de grata satisfacción *espiritual y física*. Es una combinación de ambas. En cambio, el hombre espiritual sabe que el padecimiento es parte del crecimiento espiritual. Se madura naturalmente y espiritualmente. El hombre con conciencia espiritual sabe que el verdadero creyente no depende de las circunstancias, porque él no depende de la felicidad. Él no busca la felicidad porque la felicidad es el resultado de otra satisfacción mayor: El regocijo. El regocijo es un gozo interno de esa combinación física y espiritual. El regocijo nace de lo profundo del interior provocado por la reacción del espíritu ante cosas espirituales (Lucas1: 39-47). El regocijo lo provoca la plenitud de vida en Cristo (Colosenses 2:9-10). El personaje bíblico por excelencia que le tocó superar una de las peores calamidades fue Job. El texto histórico en la Biblia lleva como título su nombre (Job). Este hombre era un hombre próspero y bendecido en todas las áreas de su vida.

Las escrituras nos dicen que por causa de ser un hombre recto, perfecto, temeroso de Dios y apartado del mal el señor le tenía un cerco de protección que lo protegía de cualquier cosa negativa (física y espiritual). Un día el enemigo extendió su mano contra Job esperando que éste blasfemara el nombre de Dios por causa de todas las calamidades que le sobrevinieron. Satanás quería volver a hacer lo mismo que hizo en el Edén. Ahora lo quería volver a hacer con éste otro matrimonio.

Quería plantar la cizaña de lo oculto en el corazón de Job a causa de la perdida de sus bienes y de sus hijos. Job creía que había pasado algo que el aun desconocía porque no encontraba lógica a lo que él estaba atravesando. Creyó que Dios le ocultaba algo. Usó a la esposa de Job en contra de él mismo. La misma estrategia del jardín del Edén. Pero lo interesante fue que en esta situación Job no se dejó influenciar por las palabras de su esposa. Mucho menos pensó que Dios le estuviese ocultando algo (Job 1:21-22). Tampoco se dejó llevar por las opiniones de sus amigos porque decían que todo lo que estaba atravesando podía ser juicio de Dios. Job se dejó llevar por su Fe en Dios. Este hombre tenía amor hacia lo santo y el conocimiento de lo importante que es la obediencia. Job posicionó a Dios en el lugar que Adán no lo pudo posicionar; El Primer lugar.

Tenemos que aprender como éste hombre respondió ante la calamidad. Se nos dice que rasgó su vestido, rasuró su cabeza y adoró a Dios. En medio de su luto sacó tiempo para adorar. ¿Cuántos de nosotros realmente tenemos la entereza para adorar en un momento así? Job colocó a Dios en el lugar que le correspondía como todo creyente: El primer puesto. Cuando esto ocurrió Dios se le reveló de una manera especial. Su experiencia de encuentro con Dios lo llevo a otro nivel de relación (Job 42:5). Cuando tienes la Fe de adorar a Dios en medio de tus calamidades manifiestas el Fruto del Espíritu en todo su esplendor, demostrando madurez espiritual. Es cuando captas la atención de Dios siendo ese momento el punto perfecto de encuentro: Él y tú. Es cuando lo conoces cara a cara. Ese momento marcará tu corazón y traerá alegrías a la historia de tu vida y tus frutos se harán notorios. Otra forma de tener un encuentro con Dios es cuando tú obedeces a destiempo. El profeta Jonás vivió en carne propia el resultado de desobedecer (Jonás 1, 2, 3,4).

El fruto de tú desobediencia no solamente altera tus planes, sino que altera los de aquellos que te rodean. Tu desobediencia es el reflejo de tu vanidad y orgullo. He visto como personas teniendo un trabajo asignado en cierto lugar, en un tiempo en específico, no llevan cabo lo que se les ordenó hacer. La razón es procrastinar. El procrastinar es un indicio de reto (rebeldía) a la autoridad, aún contigo mismo y hacia tu propia autoridad, te auto lastimas.

Cuando retas la autoridad por causa del enojo, del tiempo, del lugar, de la pereza o por rebeldía haces que tu desobediencia se convierta luego en la angustia que Dios utilizará para encontrarse contigo. Como quiera vas a encontrarte con Dios. La autoridad es una potestad delegada a aquellos que son reconocidos por el prestigio de su calidad y competencia en alguna materia. La Biblia dice que toda potestad le fue dada en los cielos y en la tierra a Jesús (Mateo 28:18-20). Esa misma potestad él quiere entregártela para cumplir la gran comisión. Si no puedes estar bajo autoridad no puedes tener autoridad. Es un principio del reino de los cielos y lo podemos ver en la conversación con los amigos del centurión romano con Jesús cuando éstos le pidieron que le sanara al hijo de su jefe (Lucas 7:1-10). La conversación se llevó a cabo en un lugar y en un tiempo (fue en el camino). Los amigos posiblemente unos soldados estaban siguiendo las órdenes de su jefe. Si no hay Fe para obedecer y reconocer la autoridad de los hombres entonces no podrás escuchar a Dios. Él pondrá hombres y mujeres en tu vida para que aprendas a reconocerlo.

El acuerdo de Dios con el hombre

A través de las diferentes historias en la Biblia podemos observar que Dios siempre ha buscado tener comunión con el hombre. Dios te ha dado más de lo que la justicia por Ley te puede dar y lo hace a través de su misericordia. La palabra dice que por ella nosotros no hemos sido consumidos (Lamentaciones 3:22). Dios quiere darnos consejo, consuelo y esperanza para los herederos de sus promesas (Hebreos 6:17). La gracia que nos llega a través de Jesucristo es el mejor regalo que hemos recibido de parte de Dios. En él todas las cosas fueron hechas, y cuando tú puedes comprender, puedes entender a Dios (Juan 1:3). Dios quiere transformarte en el crecimiento del conocimiento de su hijo Jesucristo. Jesús es el autor y consumador de la Fe (Hebreos 12:2). Quiere decir que él mismo creyó todo lo que él dijo que él era, y lo que él hizo es muestra de lo que él creyó.

Que ímpetu tenía Jesús, contra todo pronóstico llevo a cabo su obra. Jesucristo nos asegura que haremos cosas más grandes que las que él hizo. Hemos sido llamados a predicar el evangelio a toda criatura, el único requisito es creer en él y ser bautizado para arrepentimiento de pecados. No hay otras condiciones. Una gama de señales acompañará a los que creen en el evangelio del reino (Marcos 16:15-18). No pretendas ver señales en un lugar en donde no se cree el mensaje de Jesús. Tú puedes creer aun estando en el lugar correcto, pero si estas con las personas equivocadas, no es mucho lo que podrás hacer. El énfasis es que el creyente irá a la delantera predicando las buenas nuevas y las señales los seguirán, así las señales confirmarán al mensajero y no el mensaje en sí. El mensaje en si tiene ya el poder y quien lo desata es el mensajero. El evangelio no depende de la eficiencia o eficacia del mensajero, es la combinación de ambas detonadas por la Fe con la ayuda del Espíritu Santo. Jesús asegura que si no dudamos en nuestros corazones cuando creemos en algo que hemos dicho, entonces veremos que todo lo que digamos conforme a su voluntad será hecho (Marcos 11:23).

El hecho de que tengamos el privilegio de hacer que sucedan cosas con nuestra boca es sinónimo de poder y autoridad. El poder está ligado a la imaginación. La imaginación es un regalo divino que antecede a la Fe. La imaginación es la facultad que tiene el alma para facilitar y darle forma a ideas y proyectos. Las dos trabajan juntas, la imaginación diseña y la Fe ejecuta.

Algunos creyentes se auto descalifican para ejecutar la obra del señor por causa del pecado que mora en ellos. Renuncian al voluntariado y en ciertos casos al llamado ministerial por no sentirse dignos por su condición social o por causa de su pasado. Donde abunda el pecado sobreabunda la gracia (Romanos 5:20). En la mente y el corazón es donde se libran diariamente todas las luchas y batallas de Fe. El deseo de querer hacer el bien a los demás está dentro de la mayoría de los hombres, pero hay una parte en todo ser humano que se levanta cuando se siente amenazada. Es lo que la Biblia llama la carne. La carne siempre querrá reclamar lo suyo, y es la satisfacción del ego y sus apetitos. Cuando tú diriges tus esfuerzos y recursos contrario a los deseos de la carne comienza una lucha interna entre los reclamos de la carne y los del Espíritu. Es la disyuntiva de todo cristiano. Es una lucha sin cuartel con la cual debemos vivir hasta el día de nuestra redención. En Romanos 8:1-27 el Apóstol Pablo nos la describe como un modo de vida. Si vives conforme a las obras de la carne (Ego) o vives conforme al Espíritu de vida.

Por ley ambos modos de vida reclaman lo suyo. La carne no puede hacer morir el fruto del Espíritu, pero el Espíritu sí puede hacer morir las obras de la carne. Tú decides qué modo de vida quieres vivir. Si vives por el Espíritu tienes la garantía que el Espíritu que levantó a Cristo de los muertos también mora en nosotros. El Espíritu Santo es la persona que Dios dejó aquí en el planeta tierra para que nos acompañe, y agarrados de su mano podamos ir hacia el propósito y el destino que Dios tiene para tu vida. El consolador, como se le menciona en la Biblia al Espíritu Santo, te da la certeza de que nos ayudará en todo. Es la tercera persona de la trinidad. Si algo he experimentado con el Espíritu Santo es que todo cuanto ha hecho por mi lo hace con elegancia. Es el mejor compañero que pueda tener una persona. Él es el mejor maestro para enseñarnos pues no se desespera al mostrarnos lo que tenemos que hacer conforme a su voluntad. El Espíritu Santo no se encuentra en la conmoción se encuentra en la quietud, es un silencio que habla. Su encomienda es hacernos saber todas las cosas en el momento preciso lo cual dice que es puntual (Lucas 12:12). Todos queremos tener en nuestra vida a alguien que sea así.

Cuando tú vives por el Espíritu él te revelará todas las cosas. La palabra nos menciona que no hay condenación para los que están en

Cristo Jesús, los que no andan conforme a la carne, sino conforme al Espíritu (Romanos 8:1). Esto nos lleva, que caminar en el espíritu tiene recompensas. La recompensa es que somos más que vencedores. Antes, en todas estas cosas somos más que vencedores por medio de aquel que nos amó (Romanos 8:37). Un ejemplo para ilustrar que somos más que vencedores es cuando una pelea de Boxeo está arreglada no importa cuán duro batallen los boxeadores; al final el resultado ya está decidido. Uno de los dos ya tiene la victoria asegurada sin importar cuán dura parezca la batalla. Lo que se proyecta en la pelea es para entretener a los espectadores. Cada peleador sabe cuál es el papel que le corresponde.

El texto de Daniel 6:26 dice: *"De parte mía es puesta esta ordenanza: Que en todo el dominio de mi reino todos teman y tiemblen ante la presencia del Dios de Daniel; porque él es el Dios viviente y permanece por todos los siglos, y su reino no será jamás destruido, y su dominio perdurará hasta el fin".* El diablo solo está tratando de convencerte de que él puede ganar. Pero mi confianza está tan fuerte como según sea mi conocimiento del resultado.

Si veo una pelea grabada la cual ya se cómo terminó, no importa cuántas veces caiga el peleador mío; solo pienso que él se va a levantar y lo va a noquear antes del round 12. Así es que opera la Fe en la vida del cristiano; ya Cristo te reveló el resultado final; está viendo una pelea grabada. En Juan 16:33 dice: *"Estas cosas os he hablado para que en mí tengáis paz. En el mundo tendréis aflicción; pero confiad, yo he vencido al mundo".* Entonces, apuéstalo todo, si mientras más apuestes, más ganas. Entonces vive confiado; gózate el transcurso de la pelea. Porque nada ni nadie te podrá separar del amor de Cristo. Esa es la confianza del que le apuesta a Cristo. Dios también quiere hacerte justicia, si un atributo que él tiene es que es justo (Salmos 89:14). Muchas personas se molestan por tanta injusticia que ven en el mundo. Pero el señor te dice que lo insensato de

Dios es más sabio que lo de los hombres, y lo débil de Dios es más fuerte que los hombres. Te asegura que lo vil y lo necio de este mundo escogió Dios para avergonzar a los sabios. Naturalmente es duro de concebir algo así. Esto con el propósito de deshacer lo que es a fin de que nadie se jacte en su presencia (1 Corintios 1:25-29).

No tengas miedo de lo que tus ojos vean, si todos están en desacuerdo no todos pueden estar bien. El que siembra escasamente, también segará escasamente. Procura siempre dar lo mejor de ti y recuerda que el justo por su Fe vivirá. Dios hizo pacto de sangre contigo. En el libro El PACTO de Sangre – E.W. Kenyon nos menciona que los pactos de sangre tienen un origen y un significado en común. Todo pacto de sangre lo que implica es que el mismo no puede ser roto. Esta práctica excepcional contiene un principio similar que se daba en otras partes del mundo desde tiempos inmemorables. Algunas tribus practicaban pactos de sangre que fueron transmitidos a través de los siglos. La realidad es que si le explicaras a una persona el verdadero significado de la santa cena del señor como se expresa en los evangelios tú pudieses pensar que fuese un acto pagano. Acto como el pacto de sangre que se lleva a cabo en otras culturas, aunque con simbolismos diferentes tienen el mismo propósito. Muchas personas ven este acto como uno sin alguna conexión bíblica por que otras culturas lo practican también.

Pero no hay nada más lejos de la realidad que dicha expresión. Todos los pactos de sangre tienen algo en común. La razón principal es que dicho pacto de sangre se respeta y se guarda al punto de que en ciertos lugares es perpetuo y no se puede anular. Este es el significado que tiene la santa cena del señor. La palabra nos dice que la sangre de Jesús es el nuevo pacto que por muchos es derramada (Marcos 14:24). Esto para la remisión de pecados. La sangre de Jesús es sangre de pacto eterno para que nosotros seamos aptos para toda buena obra para que hagamos su voluntad (Hebreos 13:20-21). Esto quiere decir que el propósito principal es el perdón de nuestros pecados y segundo nos habilita para hacer su voluntad por medio de buenas obras (Frutos). Dios divide la vida del hombre en dos pactos el antiguo pacto y el nuevo pacto. Lo interesante es que los pactos siempre quien los hace es Dios.

Dios siempre ha utilizado los pactos de sangre para con la humanidad para hacerse entender. Es la certeza que lo que Dios dijo que va hacer él lo cumplirá. Jesús es la dispensación de todos los tiempos (Efesios 1:1-10). Esto nos aclara que Cristo es la excepción a la Ley para reunir todas las cosas que están en el cielo y en la tierra. Esto quiere decir que por haber creído en él somos bendecidos y hemos sido sellados con el Espíritu Santo de Dios. Además de la redención de nuestros pecados también somos participe de su herencia. Todo por el puro afecto de su voluntad. Todo para la alabanza de su gloria.

El misterio de la obra (fruto) de Jesucristo estuvo escondida desde los siglos porque estaba preparado que así fuese, para que por medio de Jesucristo y su iglesia, Dios le diese a conocer a las potestades y principados la multiforme sabiduría de él. El fruto manifestado por Jesucristo trascendió de los cielos a la tierra. La promesa fundamental en donde se sostienen todas las demás es que Dios aun siendo soberano se sometió a el mismo, poniéndose un único límite para con nosotros, se puso el límite de no mentir (Números 23:19). Es una distinción única y la clave que hace para diferenciarse de cualquier cosa que se haga creer dios. Es la certeza del cumplimiento de sus promesas en su palabra.

EL ENCUENTRO

"Porque le has salido al encuentro con bendiciones de
bien; Corona de oro fino has puesto sobre su cabeza."
Mateo 7:19

Hay personas que me han preguntado como ellos pueden escuchar a Dios si nunca les habla. A lo cual yo le contesto que Dios siempre nos está hablando. Somos nosotros los que no queremos escuchar. Cuando he escuchado a Dios la característica principal que resalta es que siempre rompe mis esquemas y paradigmas. Dios siempre ve las cosas diferentes a como nosotros las vemos. Cuando más espiritual me he sentido es cuando más me doy cuenta que no sé absolutamente nada. A Dios se le conoce como el Dios invisible (1Timoteo 1:17). Su óptica siempre observa lo invisible del panorama. Como he mencionado lo invisible es eterno y lo visible es perecedero.   El atributo de invisibilidad le permite verlo todo. Tenemos un mal concepto de un Dios que cuando quiere que algo se lleve a cabo, él con su puño pega sobre la mesa, y punto final con el asunto. La palabra nos dice que él está en lo apacible y delicado (1Reyes 19:12). Tenemos que estar sintonizados a su frecuencia. Su frecuencia es la serenidad. Lamentablemente en la época en que vivimos es difícil encontrar un punto de serenidad en nuestro diario vivir. Estamos tan enfocados con nuestras obligaciones en nuestro trabajo, con la familia, nuestras amistades e inclusive a veces dentro del ministerio. En ocasiones nos enfocamos en la viña del Señor y nos olvidamos del Señor de la viña. Cuando todos hemos sido llamados a tener comunión desde la eternidad. La eternidad no tiene principio ni fin. A Dios se le conoce como el Dios eterno, o sea siempre ha estado. Todo lo creado tiene un principio, por lo tanto, tiene un final.

A Jesús se le conoce como el Alfa y la Omega (principio y fin). Todo lo que tiene un principio y un fin es porque tiene un propósito. La biblia nos dice que todas las cosas por él fueron hechas (Juan1:3). Nuestra transitoriedad por la tierra confirma que Dios tiene interés en que le conozcamos. Como creyentes aspiramos a la vida eterna. Erróneamente la simplificamos a un tiempo y lugar donde pasaremos el resto de los días. Pero Dios quiere encontrarse con nosotros desde la eternidad aquí en la tierra utilizándola como punto de encuentro para darnos el conocimiento de la vida eterna. La vida eterna es conocerlo a él y a Jesucristo como su enviado (Juan 17:3). El cuerpo muere, pero el espíritu y el alma trascienden.

Cuando tú tienes un verdadero encuentro con Dios tu vida cambia. No estoy hablando necesariamente de una experiencia sobrenatural sino ver las cosas como él las ve. Hay un plan de Fe que obedecer y un trabajo que hacer. Dios promete premiarnos por poner en marcha su Plan de Fe (Hebreos 11:6). Estoy convencido de lo que nos muestra las escrituras en cuanto a que Dios siempre ha querido tener comunión con el hombre. Es el hombre que todavía no entiende que tenemos un propósito aquí en la tierra. Se nos ha entregado un planeta entero que es auto suficiente dentro de un sistema solar que orbita alrededor de una galaxia. Amado hermano tenemos propósito. Todo esto lo tenemos gracias a un Dios de amor. Para poder conocerle debemos tener comunión.

Dios es un experto en comunicarse por medio de las dificultades, y encontrarse a través de nuestras necesidades. La parábola del hijo prodigo nos da un claro ejemplo de que Dios quiere encontrarse con nosotros (Lucas 15:11-32):

"También dijo: Un hombre tenía dos hijos; y el menor de ellos dijo a su padre: Padre, dame la parte de los bienes que me corresponde; y les repartió los bienes. No muchos días después, juntán-

dolo todo el hijo menor, se fue lejos a una provincia apartada; y allí desperdició sus bienes viviendo perdidamente. Y cuando todo lo hubo malgastado, vino una gran hambre en aquella provincia, y comenzó a faltarle. Y fue y se arrimó a uno de los ciudadanos de aquella tierra, el cual le envió a su hacienda para que apacentase cerdos. Y deseaba llenar su vientre de las algarrobas que comían los cerdos, pero nadie le daba. Y volviendo en sí, dijo: ¡Cuántos jornaleros en casa de mi padre tienen abundancia de pan, y yo aquí perezco de hambre! Me levantaré e iré a mi padre, y le diré: Padre, he pecado contra el cielo y contra ti. Ya no soy digno de ser llamado tu hijo; hazme como a uno de tus jornaleros. Y levantándose, vino a su padre. Y cuando aún estaba lejos, lo vio su padre, y fue movido a misericordia, y corrió, y se echó sobre su cuello, y le besó.

Y el hijo le dijo: Padre, he pecado contra el cielo y contra ti, y ya no soy digno de ser llamado tu hijo. Pero el padre dijo a sus siervos: Sacad el mejor vestido, y vestidle; y poned un anillo en su mano, y calzado en sus pies. Y traed el becerro gordo y matadlo, y comamos y hagamos fiesta; porque este mi hijo muerto era, y ha revivido; <u>se había perdido, y es hallado.</u> Y comenzaron a regocijarse. Y su hijo mayor estaba en el campo; y cuando vino, y llegó cerca de la casa, oyó la música y las danzas; y llamando a uno de los criados, le preguntó qué era aquello. Él le dijo: Tu hermano ha venido; y tu padre ha hecho matar el becerro gordo, por haberle recibido bueno y sano. Entonces se enojó, y no quería entrar. Salió por tanto su padre, y le rogaba que entrase. Mas él, respondiendo, dijo al padre: He aquí, tantos años te sirvo, no habiéndote desobedecido jamás, y nunca me has dado ni un cabrito para gozarme con mis amigos. Pero cuando vino este tu hijo, que ha consumido tus bienes con rameras, has hecho matar para él el becerro gordo. Él entonces le dijo: Hijo, tú siempre estás conmigo, y todas mis cosas son tuyas. Mas era necesario hacer fiesta y regocijarnos, porque este tu hermano era muerto, y ha revivido; <u>se había perdido, y es hallado</u>".

Esta hermosa historia de amor muestra la paciencia de un Padre por encontrase con sus dos hijos. A pesar de vivir bajo el mismo techo de su Padre ambos hijos se encontraban alejados del él. Es un contraste de dos historias que apelan a la condición del hombre en cuanto a su relación con Dios. El pequeño está alejado por distancia física y el grande alejado por una distancia espiritual. Se supone que el hijo mayor sea el maduro, y según la costumbre el primero en irse de la casa. Por otro lado, el hijo menor por ser el pequeño se supone que sea el inmaduro y el ultimo en irse de la casa. Vemos que la actitud del hijo menor aparentemente "desafiante" por el hecho de que pidió su parte de los bienes (su herencia) a destiempo mediante un acto de Fe. Él sabía que su Padre le iba a entregar su herencia porque él sabía cuál era es su posición de hijo delante de su Padre. Su hermano mayor no reconocía su posición. Siendo el menor hizo lo que le correspondía, *pedir*. Esto muestra cierto grado de madurez en contraste con su hermano mayor.

Si conoces tu posición reclamas lo que te pertenece. El hijo menor lo que tuvo fue un problema de carácter al desperdiciar sus bienes. Tendemos a juzgarlo por su acto de Fe. Pero el Padre no vio ningún problema con que él haya pedido lo que le pertenece para marcharse de la casa. Él era su hijo y por ley le correspondía parte de la herencia. Por eso el Padre le entregó su parte, pero su preocupación no era que su hijo estaba marchándose. Su preocupación fue que estaba marchándose sin nunca haberse encontrado primero con él. Muchas veces hemos salido en Fe sin habernos encontrado primeramente con nuestro Padre. Contrario el hijo mayor, por ley de la primogenitura tenía acceso a todos los bienes y su Padre así lo establece. Teniendo el privilegio de *tomar* sin tener que pedir como su hermano menor no reconoció su posición, lo cual es reflejo de su inmadurez espiritual. Ni por un acto de Fe se atrevió a tomar lo que le pertenece. El hijo mayor tuvo un problema de identidad. No tomó posesión de aquello que le pertenece por posición. Lo más importante en la vida de todo cristiano es conocer cuál es tu posición delante de Dios. El hijo menor con el carácter incorrecto conocía su identidad. El hijo mayor teniendo el carácter correcto no conocía su identidad. Mientras que el pequeño de los hijos se encontraba naturalmente lejos del Padre, por otro lado, el hijo mayor estando cerca lo estaba espiritualmente.

El aspecto más frustrante es que ambos hijos estaban lejos del corazón de su Padre. El corazón del hijo mayor estaba distante, aunque él estaba cerca físicamente. El hijo menor, aunque estaba distante físicamente también tenía el corazón lejos del Padre. Cuando el hijo menor entró en sí, reconoció nuevamente su identidad y vio que estaba fuera de posición. Su necesidad lo hizo encontrarse con su Padre y finalmente se encontró con él. Hay que destacar que el Padre nunca salió a buscar al hijo menor que se marchó. Sin embargo, salió a buscar al hijo mayor que siempre había estado en la casa para encontrase con él.

Dios quiere encontrarse tanto con el que no ha encontrado el camino, como el que conoce el camino y todavía no se ha encontrado con él. Hay personas que no se mueven por su posición para tomar posesión, y critican a aquellos que, sin posición, pero por decisión se mueven a tomar posesión. No se nos dice si el hijo mayor entró a la fiesta de su hermano menor, pero la impresión es que entró a la fiesta de su hermano a regaña dientes (por sus expresiones). Gózate con tu padre y con tu hermano. Dios quiere que los hermanos nos regocijemos con él con cada encuentro que él logra tener con sus hijos. Dios festeja cuando sus hijos se encuentran con él, y nos prepara a todos los becerros gordos para que todos disfrutemos junto con él en familia. La historia del hijo pródigo encierra una gran lección de amor de la cual todos tenemos que aprender. Tenemos que aprender a ver las cosas como el padre las ve. Debemos tener fascinación con encontrarnos con el Padre en todo momento.

El Padre siempre va a actuar a favor de nosotros conforme a su Fe. La Fe de Dios es ilimitada. A Dios le encanta que le pidamos y tomemos lo que nos pertenece por medio de la Fe. Sin fe es imposible agradar a Dios (Hebreos 11:6). Tu mejor alabanza es tu oración, y tu mejor adoración es tu obediencia. Lo difícil de ser creyente es someter los deseos carnales a los deseos de Dios para tu vida. Él siempre quiere lo mejor para ti. Todo no será siempre dulce pues nos llegarán momentos amargos y difíciles donde la tribulación o el proceso siempre tendrás que verlo como una oportunidad para crecer espiritualmente y de esa forma manifestar el Cristo que hay en ti. Son esos momentos donde tú puedas hacer despliegue de todas tus capacidades en Cristo Jesús. Cualquier recurso por más escaso e insignificante que sea en las manos de Dios es lo único que tú necesitas. Podemos observarlo en la historia de David y Goliat. El arma más endeble Dios la puede utilizar para darte una gran victoria. Dios y tú quieren lo mismo. Somos soldados en Cristo (2Timoteo 2:1-4). El soldado pelea para conquistar. Todos luchamos por la conquista de algo.

Como hombres y mujeres de guerra tenemos que enfrentar día a día nuestra batalla sabiendo que la guerra está ganada. Al igual que la mayoría de las guerras la vida es injusta, Dios te entrenará y te dará las estrategias (Salmos 144: 1-2). Vivimos en un mundo perverso en donde a lo bueno se le llama malo y a lo malo se le llama bueno. En lo personal he sentido la impotencia ante los problemas que nos presenta la vida. Como guerrero se nos ha llamado a ser más vencedores. Un vencedor es aquel que supera todas las dificultades no por lo que pueda hacer por sus fuerzas sino lo que otro hizo por él. Romanos 8: 28-39 nos dice que somos más que vencedores:

"Y sabemos que a los que aman a Dios, todas las cosas les ayudan a bien, esto es, a los que conforme a su propósito son llamados. Porque a los que antes conoció, también los predestinó para que fuesen hechos conformes a la imagen de su Hijo, para que él

sea el primogénito entre muchos hermanos. Y a los que predestinó, a éstos también llamó; y a los que llamó, a éstos también justificó; y a los que justificó, a éstos también glorificó. ¿Qué, pues, diremos a esto? Si Dios es por nosotros, ¿quién contra nosotros? El que no escatimó ni a su propio Hijo, sino que lo entregó por todos nosotros, ¿cómo no nos dará también con él todas las cosas? ¿Quién acusará a los escogidos de Dios? Dios es el que justifica. ¿Quién es el que condenará? Cristo es el que murió; más aún, el que también resucitó, el que además está a la diestra de Dios, el que también intercede por nosotros. ¿Quién nos separará del amor de Cristo? ¿Tribulación, o angustia, o persecución, o hambre, o desnudez, o peligro, o espada? Como está escrito: Por causa de ti somos muertos todo el tiempo; Somos contados como ovejas de matadero. Antes, en todas estas cosas somos más que vencedores por medio de aquel que nos amó. Por lo cual estoy seguro de que ni la muerte, ni la vida, ni ángeles, ni principados, ni potestades, ni lo presente, ni lo por venir, ni lo alto, ni lo profundo, ni ninguna otra cosa creada nos podrá separar del amor de Dios, que es en Cristo Jesús Señor nuestro.

Compórtate como un guerrero de sangre fría. El guerrero frio es violento, sagas e inteligente porque no usa su propia fuerza. Utiliza lo que ya le fue dado. ¿Cómo puedo hacerme de algo por lo cual yo no luché? De eso se trata la Fe. El amor de Dios y su gracia para con nosotros es lo que me permite hacernos posesión de todas las cosas por medio de la Fe en Jesucristo. No pierdas el entusiasmo de continuar teniendo encuentros con el señor. Ya estas equipado con la armadura correcta (Efesios 6:10-20). Lo que te resta es ver la voz de Dios y oír su dirección. Alinea tus palabras con tu mente y corazón. Sintoniza tu espíritu al de él en la quietud del silencio. En la quietud oyes las palabras del silencio. El silencio tiene el mismo impacto que una palabra.   En el silencio está tu encuentro con Dios. Valora el silencio durante el tiempo con Dios. El que habla por su cuenta su propia gloria busca; pero el que busca la gloria del que le envió, este es verdadero, y no hay en él injusticia (Juan 7:18). Cada encuentro con el señor es una carrera larga llena de obstáculos, pero prosigo a la meta (Filipenses 3:14). No es la rapidez lo que cuenta en la carrera, es la resistencia lo que hace la diferencia.

Conclusión: el orden de como recibir las cosas

"Por Jehová son ordenados los pasos del hombre,
Y él aprueba su camino"
Salmos 37:23

Cuando uno encuentra como es que funciona el orden de las cosas podemos tener una visión clara de cómo es que se manifiesta el reino de Dios aquí en la tierra. El principio de toda sabiduría comienza con el temor a Dios, y de ahí es que tenemos que partir (Salmo 111:10). Dios no opera en desorden. No pretendo dar una clase de astronomía, pero el diseño de nuestro hogar, la Tierra, es divino. El planeta tierra está a una distancia de 147 millones de kilómetros del Sol en una órbita elíptica que según la comunidad científica es la distancia correcta entre una estrella y un planeta para poder albergar la vida. La Tierra también tiene una inclinación en su eje de rotación de 23.5° con respecto al plano de la órbita que describe alrededor del Sol. Esta inclinación es la causa de las estaciones del año. A su vez el núcleo de la tierra es de hierro-níquel fundido.

El hecho de que la tierra gire rápidamente en su propio eje inclinado, y con un núcleo metálico es lo que genera un campo magnético desde el núcleo de la tierra, y hace que dicho campo rodee la tierra. Dicho campo magnético es la clave que nos protege de los rayos ultravioletas y también de otras amenazas estelares. Los rayos ultravioletas son desviados para proteger la capa de ozono que es la parte de la atmósfera que protege la vida, y hace que la vida sea posible en la tierra. Toda una maquinaria espacial con un diseño celestial al servicio del ser humano.

Dios es un Dios de orden. En el libro de Génesis 1 vemos como Dios comenzó la creación de los cielos y la tierra estableciendo cada área de la creación en determinados espacios de tiempo. Cada etapa de la creación una subsiguiente a la otra en simbiosis con un solo propósito: La Vida. Dios continúa trabajando de la misma manera hoy día. Él trabaja cada área de nuestras vidas por etapas en espacios determinados de tiempo. Para ordenar nuestras vidas de acuerdo al diseño divino, primeramente, tiene que haber una transformación, luego una decisión voluntaria y trascendental de conversión, la cual quedará marcada en tu vida como un nuevo comienzo (Romanos 10:9). El orden correcto comienza con buscar el reino de Dios y su justicia. Después *todo* lo demás te será añadido. En el reino de Dios hay que dar frutos y por ellos verás justicia y retribución. No podemos pretender que Dios haga primero algo por mí para entonces yo tener que hacer algo por él. Así no funciona el reino de los cielos. Dios primero nos hizo justicia a través del sacrificio de Jesucristo. Siendo éste el mayor acto de justicia que se le hizo a la humanidad. Para conocer el orden de como recibir las cosas tienes que entender que Dios es soberano. Sé que es una de las cosas más difíciles de entender, y también de digerir, debido a nuestra naturaleza humana. Siempre nos revelamos en contra de aquello que quiere establecer un orden en nuestras vidas. Es una decisión voluntaria que nace del amor. La justicia que retribuye es una promesa que Dios quiere entregarte. Y será conforme a tus obras porque así Dios lo dispuso. No te conviertas en un perezoso espiritual esperando que Dios haga algo por ti. Manifiesta el fruto del Espíritu en tu vida y tú madurez espiritual cambiará tu vida. De esta manera podrás alcanzar las promesas de Dios a través de la paciencia, a través de ella es que se alcanzan las promesas (Hebreos 6:10-15).

Dios tiene que ser primero en todo. Pero para recibir las bendiciones de Dios incluyendo la justicia debemos saber que Dios es orden. Antes de darte algo el señor siempre te va a pedir que le entregues algo a cambio. Sí, amado lector así es que funcionan las cosas en el reino de los cielos. Es inconcebible para el sistema del mundo que un Dios bueno te pida de lo mismo que tú tienes necesidad. Si te hace faltan finanzas él te va a pedir finanzas. Aún hay personas dentro de la iglesia que no pueden entenderlo. Dios te puede pedir que le entregues a tu familia, esposos/as, hijos/as, tiempo, ofrendas, posesiones etc. Esto lo hace Dios así para que tú puedas internalizar que entre tú y él no puede haber nadie. *Aún la necesidad*. Cuando tú pones a Dios primero él te promete que vas a recibir cien veces más lo que tu estas dejándole a él por causa de seguirlo y también heredará la vida eterna (Mateo 19:29). ¡Que promesa! Podemos ver ejemplificado lo antes mencionado con la historia de la viuda y el profeta de Dios. Un buen trabajo mediocre es lo que tú haces cuando estás fuera de la voluntad de Dios.

La viuda de Sarepta puso primero a Dios antes que su necesidad y por obedecer a Dios recibió más de lo que necesitaba (1 Reyes 17:8-16). Siempre pedirá que le entregues de lo mismo que tú le estas pidiendo (necesidad o deseo).

"Vino luego a él palabra de Jehová, diciendo: Levántate, vete a Sarepta de Sidón, y mora allí; he aquí yo he dado orden allí a una mujer viuda que te sustente. Entonces él se levantó y se fue a Sarepta. Y cuando llegó a la puerta de la ciudad, he aquí una mujer viuda que estaba allí recogiendo leña; y él la llamó, y le dijo: Te ruego que me traigas un poco de agua en un vaso, para que beba. Y yendo ella para traérsela, él la volvió a llamar, y le dijo: Te ruego que me traigas también un bocado de pan en tu mano. Y ella respondió: Vive Jehová tu Dios, que no tengo pan cocido; solamente un puñado de harina tengo en la tinaja, y un poco de aceite en una vasija; y ahora recogía dos leños, para entrar y prepararlo para mí y para mi hijo, para que lo comamos, y nos dejemos morir. Elías le dijo: No tengas temor; ve, haz como has dicho;

pero hazme a mí primero de ello una pequeña torta cocida debajo
de la ceniza, y tráemela; y después harás para ti y para tu hijo.
Porque Jehová Dios de Israel ha dicho así: La harina de la tinaja
no escaseará, ni el aceite de la vasija disminuirá, hasta el día en
que Jehová haga llover sobre la faz de la tierra. Entonces ella fue e
hizo como le dijo Elías; y comió él, y ella, y su casa, muchos días. Y
la harina de la tinaja no escaseó, ni el aceite de la vasija menguó,
conforme a la palabra que Jehová había dicho por Elías".

Me atrevería a decir que naturalmente era un poco injusto que el
profeta no tan solamente le pidiera de lo poco que tenía para comer,
sino que le dijo que él tenía que comer *primero* antes que ella y su
hijo. Sabemos que durante ese periodo la ciudad estaba atravesando
por una sequía que llevaba tiempo. El agua es esencial para la vida, y
sobre todo es vital para las cosechas. No se nos dice a que se dedicaba
para sostenerse ella y su hijo, pero sí se nos dice que la harina y el
aceite no iban a escasear en su casa hasta que volviese a llover. Por
lo tanto, en medio de la crisis financiera que atravesaba la nación a
causa de la sequía, la harina y el aceite no iban a depender de la lluvia.
El cumplimiento del propósito de Dios para contigo no dependen de
las circunstancias. Inclusive tu sustento no depende del trabajo, de tu
empresa, con quién te asocias, ni tampoco del gobierno en turno. Tu
sustento viene de aquel que te sostiene; Jesucristo (Filipenses 4:19).

Por experiencia propia he visto que Dios es bueno probando al
creyente en ésta área para que el cristiano se dé cuenta si verdaderamente alinea sus acciones con sus palabras. La instrucción de Dios
desde el comienzo de la creación es que demos frutos. Entiende que
eres tú quien necesitas de Dios. Manifiesta los frutos en tu vida con-
sagrando tu vida a Dios y verás la justicia manifestada en tu vida. Su
mejor legado ha sido su palabra. Dios no contenderá con el hombre
para siempre pues él es el creador del hombre y él sabe que somos
carne y que nuestros días están contados (Salmo 103:9). En cambio,

somos nosotros los que debemos entender que no podemos estar perdiendo el tiempo peleando con Dios. Si Dios nos diese a cada uno lo que nos merecemos conforme a nuestros pecados la raza humana ya hubiera dejado de existir. No te quedes pensando en lo que no fue que pudo haber sido, porque si no fue, nunca será; y no podrás ver lo que Dios tiene para ti.

Jesús nunca fue el plan B de Dios cuando la humanidad cayó en desobediencia. Él siempre fue el plan A desde el principio. Jesús es el alfa y la omega. Esto quiere decir que él conoce todo lo que ha de acontecer en tu peregrinaje por la tierra. Queremos hacernos de las promesas de Dios, pero no estamos dispuestos a pagar el precio para obtenerlas. Ese precio es vivir como Jesucristo vivió aquí en la tierra, actuar conforme a sus enseñanzas y a su vez será transformado nuestro carácter. La vara está bien alta, no lo niego, vivir como Jesús vivió en nuestros tiempos es un reto. Pero hacer las cosas como el sistema del mundo espera que se hagan no trae esperanza. En unos capítulos anteriores les hablé de una situación en la cual se puso a prueba mi Fe, y madurez espiritual. En ocasiones cuando tenemos la verdad de nuestro lado sabemos que tenemos la autoridad natural y espiritual para resolver al asunto. Pero es el momento preciso de dejarle el asunto a Dios. Es una línea bien fina que separa la forma en cómo vamos a actuar, actuamos en lo natural, o lo hacemos en lo espiritual. Tú decides.

La autoridad natural incita a querer hacer justicia por nuestros propios métodos. Muchas veces es venganza disfrazada de justicia. Es un peligro mortal el tomar la "justicia" en nuestras manos sin alguna guía y/o supervisión. Quien se encarga de convencernos de pecado justicia y juicio en nuestras vidas es el Espíritu Santo (Juan 16:8). Por ende, la mejor opción es la autoridad espiritual. Airaos, pero no pequéis (Efesios 4:26). Podemos molestarnos al punto de airarnos. La ira está a un paso de pleitos y disensiones que son obras de la carne (Gálatas 5:19-21). Si quieres que tu autoridad espiritual tome dominio sobre tus asuntos tienes que estar fluyendo en el fruto del Espíritu. No te moleste si los resultados no los ves inmediatamente. Ya hemos hablado que los resultados de los frutos del Espíritu toman tiempo. Después de dichos eventos pude entender que cuando eres débil es cuando el poder de Dios se hace más fuerte en tu persona. Para los que obran en la carne es una señal de debilidad, pero para Dios fue una manifestación del fruto del Espíritu.

El Apóstol Pablo nos relata que le había rogado al señor tres veces por la sanidad de una dolencia y lo que el señor le contestó fue que se bastara en su gracia debido a que su poder se perfeccionaba en esa debilidad (2 Corintios 12:9). En ocasiones me preguntaba ¿Cómo es posible que en medio del sufrimiento se pueda perfeccionar el poder de Dios? El sufrimiento es el taller del maestro. El sufrimiento encierra un misterio en cuanto al carácter de Dios. Él también sufre.

Cuando pasamos por alguna tribulación que nos deprime físicamente nuestro cuerpo desencadena una serie de reacciones químicas en nuestro cerebro. Hay una sustancia que se llama dopamina que es un neurotransmisor que regula el aprendizaje por condicionamiento. Afecta la presión cardiaca, regula el sueño, la atención y la actividad motora. Se le asocia con el placer, y también regula la motivación y el deseo. Hace que repitamos conductas. Son conductas que nos hacen aproximarnos hacia lo que queremos y nos alejarán de aquello que es desagradable y que queremos evitar. Pero uno de los papeles más importantes de la dopamina es que regula el aprendizaje. En ésta función es la cual quiero que nos enfoquemos. Concretamente nuestro aprendizaje es por condicionamiento. La dopamina responde cuando se les presenta una recompensa inesperada, cuan más repetida es la respuesta éstas se trasladan al inicio del estímulo (ya condicionado).

Cuando la recompensa esperada se omite las neuronas se deprimen. La dopamina influye en éste y muchos otros procesos cognitivos. Cuando estas tranquilo las concentraciones de dopamina son bajas (tienes placer). Cuando estas deprimido por causa de algún sufrimiento (no tienes placer) la concentración de dopamina es alta por lo tanto tu mente está más sensible y alerta a cualquier estimulo. Entonces estamos más sensibles y propensos a escucha claramente lo que Dios quiere decirnos. El promete ordenar tus pasos y aprobar tu camino. En el libro de Eclesiastés 7:2-5 el predicador nos dice:

"Mejor es ir a la casa del luto que a la casa del banquete; porque aquello es el fin de todos los hombres, y el que vive lo pondrá en su corazón. Mejor es el pesar que la risa; porque con la tristeza del rostro se enmendará el corazón. El corazón de los sabios está en la casa del luto; mas el corazón de los insensatos, en la casa en que hay alegría. Mejor es oír la reprensión del sabio que la canción de los necios."

Podemos identificar que mencionan un estímulo tras otro: el luto (muerte), el pesar, tristeza del rostro y la reprensión. Observamos que los aparentes estímulos "negativos" tienen como fin la prioridad de ordenar. El objetivo es dirigirnos a través de la represión del sabio (Dios) utilizando esos momentos de tristeza y solidaridad para corregir nuestra conducta.

Delante de la presencia de Dios somos como niños. Por eso le debemos de llamar Padre. Como Padre a veces tiene que instruirnos por medio de la vara (Proverbios 22:15). Puede que parezca ilógico pero el sufrimiento es la oportunidad que Dios aprovecha para comunicarse y hacerse entender claramente en la vida del creyente. Hay un grupo de personas que sufrió el padecimiento de Jesús en carne propia. Estos fueron los Apóstoles y a su vez los primeros evangelistas de la iglesia primitiva. La instrucción fue y continúa siendo hacer discípulos a todas las naciones de la Tierra. La manifestación del poder de Dios por medio del Espíritu Santo hacía que las señales que les prometió Jesucristo le siguieran. Es presentar la salvación y redención de la humanidad a través del sacrificio de Jesucristo. Si algo caracterizó este grupo de personas es que ellos no ofrecían un plan de salvación. La palabra nos aclara que la salvación es un regalo que tenemos por gracia (Efesios 2:8-9). Entonces la salvación no se ofrece, la salvación se regala. Tú no ofreces un regalo. El regalo se presentas (o lo das).

Algo que aprendí en el ministerio que trabaja en los hospitales es que la salvación tú no la ofreces, tú la presentas como un regalo. La salvación no es un producto, bien o servicio que tú puedas ofrecer. La salvación se regala porque es un regalo. Dios me ha dado la oportunidad de servir en el ministerio que visita El Centro Médico de Puerto Rico actualmente el más grande del caribe. En dicho lugar se impactan decenas de vidas semanalmente mediante la palabra y la obra. Dicho grupo de personas visitan los hospitales para orar por los enfermos y sus familiares con la finalidad de llevarles el regalo de la salvación, y en algunos casos suplir alguna necesidad inmediata. La dinámica al momento de orar por los enfermos nos permite fluir como lo hacían los primeros evangelistas. Cuando les ofrecía la salvación a personas no creyentes bajo la condición de "ofrecimiento" pude notar que estábamos dando la alternativa de no aceptarlo. Generalmente las personas están cansadas del ofrecimiento de cosas debido a las malas intenciones de algunas personas por miedo al engaño. Su actitud tiende a ser aprehensiva y la mejor salida es el rechazo. En cambio, observé que cuando tú le dices a una persona que tienes un regalo generalmente nadie se resiste a un regalo y sobre todo a saber cuál es el regalo que se puede dar entre unos desconocidos. El hecho de presentarla como regalo (como es) te da la oportunidad de que te escuchen. Los resultados son sorprendentes porque la mayoría acepta la salvación.

Creo que el fin de todo cristiano es llegar personalmente a la mayor cantidad de personas que podamos. Predicándole el evangelio una por una. Nuestra misión es llenar el cielo con la mayor cantidad de almas para Cristo. La mayor revelación que Dios nos ha dado es Jesucristo. La Biblia es un texto maravilloso con un plan exquisito de salvación y redención de la raza humana. Como cristianos somos llamados a predicar las buenas nuevas como lo hizo la iglesia en sus comienzos. Un dato curioso del libro de los Hechos es el mismo nombre del libro. La mayoría de los libros de la Biblia corresponden a nombres de personas. La traducción de la palabra Hechos al inglés es "Acts". El termino acts o actos proviene de la terminología teatral. Las obras teatrales son *manifestaciones públicas*. La palabra "actos" se usa para dividir una obra teatral. Un acto son divisiones grandes de periodos largos de tiempos. Se distinguen por escenas, las escenas son periodos cortos de tiempo y en cada escena hay cambio de personajes, sea que uno sale y que otro entra. El término acto se vincula con la acción y la capacidad de llevar a cabo una tarea determinada.

Nuestra vida cristiana se divide en actos y en escenas. Periodos largos y cortos de tiempo donde saldrán personas y llegarán otras a nuestras vidas públicamente mientras llevamos a cabo nuestra obra. La intención del autor del libro de los Hechos es mostrarnos la manifestación pública de la *iglesia naciente* de Jesucristo. Todo lo que se observa es un puñado de hombres y mujeres dispuestas a hacer lo que su maestro les había encomendado. Lo más que resalta este formidable libro no son los grandes discursos ni los grandes escenarios en donde se predicaba el evangelio. Lo impactante son los alborotos que acontecían cuando se predicaba el evangelio (Jerusalén, Éfeso, Tesalónica). A estos fundadores de la iglesia se les conocían como trastornadores (Hechos 17:6). Cuando decides ser cristiano lo primero que Dios te asegura es alboroto en tu vida, en tus costumbres, tu manera de pensar, tu familia, tus finanzas, tus negocios, tus relaciones etc.

Todo ocurre como parte del establecimiento del nuevo orden de Dios en tu vida. Todo por causa de la Fe en Jesucristo y creer en el Evangelio. Es un movimiento trascendental de tu vida. Escucho personas en lugares públicos, en reuniones y a través de las redes sociales opinando sobre cómo es que se deberían de hacer las cosas para que el mundo sea uno mejor. El mundo no se trastorna con opiniones, el mundo se trastorna con buenas acciones producidas por buenos frutos (El fruto del Espíritu). De esta manera se trastornan las interacciones de los elementos de una sociedad. La tarea parece imposible pero no lo es. La palabra de Dios se ha sostenido a través de todos los tiempos siendo expuesta a todo pensamiento moral, a la ciencia moderna, a los filósofos, arqueólogos, antropólogos, humanistas, ateos y todo tipo de escrutinio científico metodológico. El resultado hasta el presente es que todavía existe la iglesia de Jesucristo (Mateo 16:18). Así como Dios nos conoce, Jesús aprendió de nosotros, y nosotros de él. Jesús se puso en nuestros zapatos y fue perfeccionado en obediencia, así como nosotros debemos serlo también (Hebreos 5:8-10). Jesús pagó el precio de toda Justicia. El balón está en nuestra cancha, te pido que le entregues tu corazón por completo al señor y le entregues todos tus asuntos. El señor quiere transformarte con un proceso de crecimiento en el conocimiento de Jesús. Quizás en ocasiones doloroso, pero te aseguro que no es el fin. Si tu carga es demasiado pesada él te dice que se la entregues y que tú tomes la de él. Porque su yugo es fácil y liviana es su carga (Mateo 11:29-30). Dios es bueno creando cosas nuevas todos los días.

No solamente aquí en la tierra sino el universo. Todos los días nacen y mueren estrellas. No te resistas al cambio que te dirigirá por el camino hacia la trasformación de lo que Dios quiere que tú seas. El cual tiene como finalidad que se manifieste el Cristo que hay en ti para hacer buenas obras. Primero empieza a dar frutos para que el cambio comience en tu interior y veras como tu justicia resplandecerá (Mateo 13:43). Hemos sido llamados a ser la luz y la sal del mundo (Mateo 5:13-14). La primera es la fuente de energía por excelencia y necesaria para la vida. La segunda es una sustancia que se encuentra en las aguas del mar y en la corteza terrestre. Se emplea para sazonar y preservar alimentos. Ambas se encuentran en toda la tierra. Recuerden que la gran comisión es que llevemos el evangelio hasta lo último de la tierra. El Señor Jesús hace dicha comparación porque donde hay luz no hay tinieblas. La sal se utiliza para sazonar y preservar, en donde hay sal, hay sabor, y donde hay sabor no hay putrefacción. Como luz hemos sido llamados a brillar para dirigir personas hacia Jesús por medio de la luz evangelio del reino (2 Corintios 1:1-6).

Como sal hemos sido llamados a ponerle deseo o voluntad al mensaje de Jesucristo para resguardar anticipadamente a las personas del daño y del peligro de las consecuencias de vivir sin la dirección de la palabra de Dios. No hablo de religión, la religión persigue la idea de lo que el hombre puede hacer por Dios. Sin embargo, el Evangelio establece la idea de lo que Dios hizo por la humanidad; La redención y la salvación de las almas. El primer encuentro que tuvo el hombre con Dios fue en el jardín del Edén.

Después de la caída de su posición original el hombre tuvo su segundo encuentro con Dios. Dicho encuentro fue en la Cruz del calvario. El resultado fue que el hombre fue posicionado nuevamente en los lugares celestiales con Cristo Jesús (Efesios 2:6). Tenemos acceso a todo lo que el cielo pueda darnos. Cuando lo realices comenzarás a ver las personas como Dios las ve y aprenderás a amarlas. Mientras más Fruto del Espíritu sea manifestado menos injusticia habrá en el mundo. Aunque estés cansado y cargado él te promete descansar (Mateo 11:28). Creyentes no se rindan y continúen la buena batalla de la Fe. Como dice el adagio *"Cuando el camino se pone duro, los duros siguen caminando".*

Referencias

1. *EL PODER de una MENTE TRANSFORMADA Autoridad Personal, Empoderamiento para Influenciar* por Otoniel Font (2017 Whitaker House)

2. *El CAMINO DEL GUERRERO UNA SENDA MILENARIA HACIA LA PAZ INTERIOR* por Erwin Raphael McManus (2019 Whitaker House)

3. *La Escuela del Carácter por Robert Gómez (2009 Heavenly Corp Edición Revisada)*

4. *LA HISTORIA DENTRO DE TI HAY MAS EN TI DE LO QUE CREES* por Xavier Cornejo (2019 Whitaker House)

5. *EL PACTO de Sangre* por E.W. Kenyon (2012 por Kenyon's Gospel Publishing Society, Inc. Whitaker House)

6. *Revista jurídica de LexJuris - Volumen 2 Verano 2000 Núm. 2 por Lcda. Migdalia Millet Ocasio.*